本书汲取了《羊皮卷》中的经典智慧

《羊皮卷》员工读本

这是一部帮你获得勇气和智慧的圣经
这是一本助你拥有财富和成功的宝典

向亚云◎编著

它如明烛，照亮职场一切的秘密
它如灯塔，指明人生前进的方向

它指引你获取信心，挑战命运，永不停步，向着梦想和成功不停进发！

中国言实出版社

图书在版编目(CIP)数据

《羊皮卷》员工读本/向亚云编著.
一北京:中国言实出版社,2012.1
ISBN 978-7-80250-681-7

Ⅰ.①羊⋯
Ⅱ.①向⋯
Ⅲ.①职业选择-通俗读物
Ⅳ.①C913.2-49

中国版本图书馆 CIP 数据核字(2011)第 237927 号

出版发行	中国言实出版社
地　　址	北京市朝阳区北苑路 180 号加利大厦 5 号楼 105 室
邮　　编	100101
电　　话	64924716(发行部)　64924735(邮　购)
	64924880(总编室)　64914138(四编部)
网　　址	www.zgyscbs.cn
E-mail	zgyscbs@263.net
经　　销	新华书店
印　　刷	北京绿谷春印刷有限公司
版　　次	2012 年 1 月第 1 版　2012 年 1 月第 1 次印刷
规　　格	710 毫米×1000 毫米　1/16　14 印张
字　　数	175 千字
定　　价	32.00 元　ISBN 978-7-80250-681-7/C·35

⟫ 前 言

在激烈的人生战场中,人们走着不同的人生之路,品味着不同的人生之果,从而有了"平庸"与"卓越"之分,有了"成功"与"失败"之别。这种差别也并非全部由先天因素造成的,而往往由后天努力决定。成功是每一个人的梦想,可成功却不会从天而降,它需要我们通过不断的努力修炼、积累去获得,我们只有努力提高自己的智慧和能力,追求全面、均衡的发展,才能最终走出荆棘,赢得成功。

而《羊皮卷》正是这样一本饱含成功智慧的人生宝典,是一部被誉为全球成功人士的"启示录"的"奇书",是世界上最伟大的励志书。它被译为数十种文字,畅销于世界各地,改变了无数人的命运。它犹如一支明烛,照亮了每个渴望成功之人的人生之路。

在古老的西方,人们习惯于把智慧与精美的文字书写在珍贵的羊皮卷上。当全球狂销 2000 多万册、影响美国半个多世纪的畅销书《羊皮卷》呈现在每个人面前的时候,人们开始被深邃而又神奇的羊皮卷散发出的精神力量所倾倒,也开始熟知了奥格·曼狄诺这位传奇式的作者。

奥格·曼狄诺 1924 年出生于美国东部的一个平民家庭,他的人生,由开始的平静到失去家庭的痛苦;从自我的沦陷到得到牧师的启迪;从自暴自弃到重新燃起希望;从艰难困苦到获取辉煌……一本《羊皮卷》就如同奥格·曼狄诺在自己人生道路上的写照,那些他曾经掌握了的人生准则,跃然纸上:当遇到困难,甚至失败时,他都用书中的语言激励自己,坚持不懈,直至成功! 就这样,他紧紧扼住生命的咽喉,控制着自己的情绪,用微笑来迎接每一天升起的朝阳,最大限度地实现自己的价值。

《羊皮卷》是一本照亮人生之路的励志智慧,而本书《〈羊皮卷〉员工读本》则是以员工的视角,从工作、生活与事业发展等方面,对《羊皮卷》进行

深刻解读，希望每一个阅读此书的员工朋友都可以发掘潜能、重塑自我、完善内心，能够快速地踏上事业成功之路。

本书汲取了《羊皮卷》中的经典智慧，结合员工的实际生活，聚焦职业生涯中影响成功的重要因素——理想信念、潜能开发、坚持不懈、时间利用、习惯培养、爱与热情、积极行动、人际交往、情绪控制、乐观心态等十方面，用理性而又热情洋溢的话语，用万千成功人士的亲身经历，用饱含诗性的情感告诉你：怎样面对人生、改变自己，才能战胜人生、抵达理想的彼岸；如何用全身心的爱去温暖、感染身边的每一个人；如何为了目标坚持不懈，发掘潜能，积极行动，跨越障碍；如何充分发挥自己的个性，认识自己的优点和长处；如何才能把握时间，保持积极乐观，学会重视自己、控制情绪、坚定信念……从而改变命运，获得成功和幸福。

人生处处是挑战，作为一名员工，你可以平凡，但不可以庸碌；可以默默无闻，但不可以没有担当；可以有失败，但不可以缺少胆识和积极的心态！社会、企业和家庭都赋予员工很多的责任，所以你必须有所担当！必须进步，必须成功！因为这是企业对你的托付，是家人对你的期盼，也是社会衡量你的标尺，更是个人生命价值的体现。这部《〈羊皮卷〉员工读本》正是蕴含了一个员工如何实现自身价值从而实现理想的全部成功智慧，它就像一次心灵的洗礼，一次和智者的对话，让您在人生的跋涉和奋战中从容胜出。

是的，这是一部能够助你成就辉煌事业的宝典。它能改变你的人生观，让你很轻松地找到事业的方向，并且在前进的过程中，纠正随时可能出现的偏差；它能改变你的思维方式，使你更加积极地面对职场上的每一次挑战；它能重塑你的性格，使你的形象更具人格魅力；它能指导你的行为方式，促进你的事业良性发展，从一个成功迈向下一个更大的成功……

读一读吧，读一遍会有一遍的感悟，悟一回会有一回的收获，常读常新，恒悟恒得，必然收获一个缤纷炫丽的人生，拥有人生的智慧、成功和幸福！

目 录

Contents

第一章　让梦想照耀人生的征程

没有理想,工作就没有方向;而所付出的努力也只不过让自己仅仅活在这个世界上,永远在一个位置上挣扎。要想人生有所作为,就必须要有理想护航。而崇高的理想就像是人生道路上的灯塔,是人生前进的动力,是人生的精神支柱,也是提高人生境界的阶梯,为我们指引着努力和前进的方向。

第二章　每个人都是一座待开发的金矿

我们是千万年进化的终端产物,头脑和身体都超过以往的帝王与智者。但是,我们的技艺,头脑,心灵,身体,若不善加利用,都将随着时间的流逝而迟钝,腐朽,甚至死亡。我们的潜力无穷无尽,脑力、体能稍加开发,就能超过以往的任何成就。从今天开始,我们就要开发潜力。我们不再因昨日的成绩沾沾自喜,不再为微不足道的成绩自吹自擂……我们不是随意来到这个世上的。我们生来应为高山,而非草芥。从今往后,我们要竭尽全力成为群峰之巅,将我们的潜能发挥到最大限度。

第三章 只要坚持不懈，胜利就在前方

"天将降大任于斯人也，必先苦其心志，劳其筋骨，饿其体肤，空乏其身，行拂乱其所为，所以动心忍性，增益其所不能。"成功是甜美的，但通往成功的路就是一趟痛苦、艰辛、坎坷的旅程，只有坚持到最后的人，才能称为胜利者，成为那个"天降大任者"。"锲而舍之，朽木不折；锲而不舍，金石可镂。"一个人只要坚持不懈地追求，他就能达到目的。

第四章 莫让时间的金河在你的指尖悄然溜过

"一寸光阴一寸金，寸金难买寸光阴"，世界上最宝贵的东西是时间。时间一直在往前跑动，一刻也不停留，它不会因为你慢吞吞而停下来等你。所以，如果你懂得珍惜时间，就可利用点点滴滴的时间做很多的事情。那么，无论在工作上或学业上，你都能获得成功；相反，如果你随意浪费时间，每天都以为还有明天，到头来只会两手空空。请记住：时间就是金钱，时间就是财富,时间就是生命,但是时间从不等人!你一旦失去之后后悔莫及!

第五章 好习惯具有无与伦比的力量

　　亚里士多德说:"人的行为总是一再重复。因此,卓越不是单一的举动,而是习惯。"所以,在实现成功的过程中,除了要不断激发自己的成功欲望,还应该搭上习惯这一成功的快车;养成良好的习惯,对于我们人生大有裨益。因为拥有好习惯,不仅有益于他人、有益于社会,更会让你像一块磁铁一样,把所有的有益的成功因素都吸引到你身边。拥有好习惯,你就可以主宰自己的人生,就可以让自己走向美好、光明、成功!

第六章 唯有倾注爱与热情,方能成就伟业

　　历史上任何伟大的成就都可以称为爱与热情的胜利。没有爱与热情,不可能成就任何伟业,因为无论多么恐惧、多么艰难的挑战,热爱与热情都赋予它新的含义。没有对事业的爱与热情,注定要在平庸中度过一生;而有

了爱与热情,将会创造奇迹。

第七章　行动是通往成功的唯一桥梁

　　请记住这句话:"现在就开始行动!"一旦你觉得懈怠懒散,就应该停下来大声说:"现在就开始行动!现在就开始行动!现在就开始行动!"拖拖拉拉的代价巨大,因为你一次次地重新回到工作中,大大增加了时间的浪费。思考和计划固然重要,但行动更重要。思考和计划不会让你得到报酬,只有工作成果才能。当你犹豫的时候,大胆的行动吧,就像它根本不可能失败。实际上,的确如此。

第八章　美好的人际关系让你左右逢源

　　如何与人打交道,如何使人重视你,如何让别人同意你的想法,这是许多人面临的重大问题。无论你是推销员、商人、政府官员、工程师、教师或普通职员,这个问题都同样重要。让人接受你、重视你、同意并支持你的想法,是一个人成功的关键,人际关系是一笔巨大的财富,每一个想成功的人都应该努力去拥有它们。

第九章　掌控情绪方能掌握人生

情商是人一生重要的生存能力,是一种发掘情感潜能、运用情感能力影响生活各个层面和人生未来的关键的品质因素。一个人在社会上要想获得成功,起主要作用的不是智力因素,而是情绪智能,前者占 20%,后者占 80%。实际生活中,高智商并不意味着高成就,收入高也并不意味着生活品质高。一个人的情商所具有的巨大潜力是他获得成功和幸福的最大秘密。

第十章　积极乐观的心态让你的人生无往不利

积极向上的心态是成功者最基本的要素。有了积极的心态就有了控制自我的力量,便有了战胜一切困难取得成功的信心。记住！你认识到你自己的积极心态的那一天,也就是你遇到最重要的人的那一天;而这个世界上

最重要的人就是你！你的这种思想、这种精神、这种心理就是你的法宝，你的力量。

第一章　让梦想照耀人生的征程

　　没有理想,工作就没有方向;而所付出的努力也只不过让自己仅仅活在这个世界上,永远在一个位置上挣扎。要想人生有所作为,就必须要有理想护航。而崇高的理想就像是人生道路上的灯塔,是人生前进的动力,是人生的精神支柱,也是提高人生境界的阶梯,为我们指引着努力和前进的方向。

1. 人生因为梦想而伟大

　　世界上唯有一种财富是我们与生俱来的,只要你想要就一定会拥有,这就是梦想。

　　世界上也有一种力量是我们与生俱来的,只要你学会用它,你就会永远向前一路不停,这也是梦想。

　　人生因为梦想而伟大,因为梦想而成功。梦想就是照亮我们前行之路的明灯,梦想就是指引我们人生目标和方向的灯塔。

　　许多年以前,一位穷苦的牧羊人带着两个年幼的儿子,靠为别人放羊来维持生活。一天,他们赶着羊群来到一个山坡。这时,他们看见了一群大雁,鸣叫着从他们头顶飞过,很快消失在了蓝灰色的天边。

　　"大雁要往哪里飞?"牧羊人的小儿子问他的父亲。

　　牧羊人回答说:"为了度过寒冷的冬天,它们要去找一个温暖的地方安家。"

　　"如果我们也能像大雁一样飞起来就好了,"他的大儿子眨着眼睛羡慕地说,"那我一定要比大雁飞得还高,这样我才能去天堂看妈妈。"

　　"做个会飞的大雁多好啊!可以飞到自己想去的地方,那样就不用放羊了。"小儿子也对父亲说。

　　牧羊人沉默了一下,然后对儿子们说:"如果你们想,你们也可以飞起来。"两个孩子试着像鸟一样张开双臂,从山坡上快速地冲了下去,可并没有飞起来。他们用疑惑的眼神看着父亲。

　　牧羊人说,看看我是怎么飞的吧。于是他扇动了两下手臂,但也没飞起来。牧羊人肯定地说:"可能是因为我的年纪大了才飞不起来,你们还小,只要你们记住自己的梦想,不断努力,就一定能飞起来,去你们想去的地方。"

儿子们牢记着父亲的教导,并一直不断地努力。等他们长大以后终于飞起来了,他们就是美国的莱特兄弟——飞机的发明者。

有了崇高的梦想,只要矢志不渝地追求,梦想就会成为现实,奋斗就会变成壮举,生命就会创造奇迹。不管是谁,不管你有多么平凡多么不起眼,只要有梦想,成功也一样会属于你,你一样可以创造出奇迹。

蒙迪·罗伯特是美国犹他州一所中学的学生,他出身贫寒但性格乐观向上。

一天,老师比尔·克利亚给大家布置了一份作业,要求孩子们以自己的理想为题,写一篇作文。

蒙迪·罗伯特回家后,兴高采烈地开始构建自己的梦想。

他把自己梦想拥有的牧马场描述得很详尽,甚至画下了一幅占地8000平方米的牧马场示意图,有马厩、跑道和种植园,还有房屋建筑和室内平面设计图。

第二天,他兴冲冲地将这份作业交给了克利亚老师。然而作业批回的时候,蒙迪·罗伯特伤心地看到:老师在第一页的右上角打了个大大的"F"(差)。

蒙迪·罗伯特觉得自己的功课完成得很出色,他想不通为什么只得了个"F"。下课后蒙迪去找老师询问原因。

克利亚老师认真地说:"蒙迪,我承认你的这份作业做得很认真,但是你的理想离现实太远,太不切实际了。要知道你父亲只是一个普通的驯马师,你们连固定的家都没有,经常搬迁,什么资本都没有,而要拥有一个牧马场,得花费很多的钱,你能有那么多的钱吗?"

克利亚老师最后说:"如果你愿重新做这份作业,确定一个现实一些的目标,我可以考虑重新给你打分。"

　　蒙迪拿回自己的作业，去征求了父亲的意见。父亲摸摸儿子的头说："孩子，你自己拿主意吧，不过，你得慎重一些，这个决定对你来说很重要！"

　　蒙迪考虑了一晚上，决定坚持自己的梦想，即使老师给的成绩是"F"。

　　在多年后一个明媚的春天，克利亚老师带着他的30名学生参观了一个占地8000多平方米的牧马场。当登上一座面积达4000平方米的建筑时，他发现，牧马场的主人就是曾经被他评价为"梦想太不切实际"的蒙迪。

　　梦想就是这样神奇的一个东西，只要你坚持自己的梦想，并为之努力，你就可以摘取到成功的果实，品尝到梦想成真的甜蜜。

　　很多员工之所以缺乏工作动力，之所以一天在工作岗位上混日子，之所以一直碌碌无为、一事无成，很大程度上就是因为他们缺少梦想和目标。

　　如果你现在没有成功，没有地位，没有财富，无关紧要，只要你有梦想，并为之努力奋斗，坚持不懈地不断向前，那么你站在金字塔尖的时刻，便指日可待。

　　每个人的人生都像一座金字塔，只有往上攀登，才可能拥有更多的自由空气和人生景色。但是大多数人都活得浑浑噩噩，在一个平台上徘徊终其一生；一小部分人按部就班，一天一小步地往上爬，随着时间的流逝也能爬到半山腰；而只有少数人，能很迅速地到达金字塔尖，跻身成功者之列，享受在顶峰无限风光的潇洒自在。这种区别，不能不说与他们是否有梦想关系密切。

　　巴拉昂是一位年轻的媒体大亨，以推销装饰肖像画起家，在不到10年的时间里，迅速跻身于法国50大富翁之列，1998年因前列腺癌在法国博比尼医院去世。临终前，他留下遗嘱，把他4.6亿法郎的股份捐献给博

4

比尼医院,用于前列腺癌的研究;另有 100 万法郎作为奖金,奖给揭开贫穷之谜的人。

巴拉昂去世后,法国《科西嘉人报》刊登了他的一份遗嘱。他说,我曾是一个穷人,去世时却是以一个富人的身份走进天堂的。在跨入天堂的门槛之前,我不想把我成为富人的秘诀带走,现在秘诀就锁在法兰西中央银行我的一个私人保险箱内,保险箱的三把钥匙在我的律师和两位代理人手中。谁若能通过回答穷人最缺少的是什么而猜中我的秘诀,他将能得到我的祝贺。当然,那时我已无法从墓穴中伸出双手为他的睿智而欢呼,但是他可以从那只保险箱里荣幸地拿走 100 万法郎,那就是我给予他的掌声。

很多人参与了这项竞猜。绝大部分人认为,穷人最缺少的是金钱,穷人还能缺少什么? 当然是钱了,有了钱,就不再是穷人了。还有一部分人认为,穷人最缺少的是机会。一些人之所以穷,就是因为没遇到好时机,股票疯涨前没有买进,股票疯涨后没有抛出,总之,穷人都穷在背时上。另一部分人认为,穷人最缺少的是技能。现在能迅速致富的都是有一技之长的人,一些人之所以成了穷人,就是因为学无所长。还有的人认为,穷人最缺少的是帮助和关爱……总之,五花八门,应有尽有。在 48561 封来信中,有一位叫蒂勒的 9 岁小姑娘猜对了巴拉昂的秘诀,她和巴拉昂都认为穷人最缺少的是梦想和野心。

而所谓野心,也只是梦想超过一定境界的另一种表现罢了。没有梦想,没有野心,便没有更高的目标,没有更多的动力促进我们一直努力,人生便会裹足不前。说得好听些是"知足常乐",说得不好听,就是没有出息,不思进取,得过且过,这样的人生,能指望他有怎样非凡的成就呢? 即使是坐拥金矿,他也不自知,宁愿在金矿上种卷心菜,也不愿冒险扒拉开菜叶下的泥土看一看。

有两个从德国移民美国的兄弟,1845 年,来到纽约谋生。这弟兄俩

觉得生活很艰难,就商量怎么样能够活下去。作为外来的移民,哥哥原来还有一技之长。在德国的时候,他做泡菜做得很好。弟弟太年轻,什么都不会。哥哥说,我们外乡人在纽约这么一个都市,太难生存了。我去加利福尼亚吧,我可以种菜,继续做我的泡菜。弟弟想,反正我也没有手艺,索性一横心一跺脚,留在纽约,白天打工,晚上求学。他学习的是地质学和冶金学。哥哥来到了加利福尼亚的一个乡间,这里有很廉价的土地,就买下来种卷心菜,成熟后用来腌泡菜。哥哥很勤劳,每天种菜腌泡菜,养活了一家人。四年以后,弟弟大学毕业了,到加利福尼亚来看望哥哥。哥哥问弟弟:"你现在手里都拥有什么呀?"弟弟说:"我除了拿了个文凭,还有一个找到一座金矿的梦想,别的什么都没有。"哥哥说:"找到金矿谈何容易呀?你还是应该跟我扎扎实实地干活啊。我带你看一看我的菜地吧。"弟弟在菜地里,蹲下来看了看菜,然后扒拉一下菜底下的土,在那儿看了很久,进屋去拿了一个脸盆,盛满了水,把土一捧一捧地放在里面漂洗。他发现脸盆底下,有一些金灿灿的、亮闪闪的金属屑。然后,他非常惊讶地抬头,看着他哥哥,长叹一声,说:"哥哥,你知道吗?你是在一座金矿上种卷心菜!"

只想着讨生活的人常常会甘心在金矿上种一辈子的卷心菜,只有心怀梦想的人才会穷尽心思,找到隐藏的宝藏。

一个人没有梦想便不可能付诸行动,给他机会,他也抓不住,更不知道如何利用。而拥有梦想,一切便会变得不同。梦想识别机会,选择决定命运。

在这个高速发展的年代,每一个人都在努力改变自己的生活。每一个人在具有了自我意识之后,都曾对自己的人生有过各种宏伟的规划,都曾经渴望成为非凡的人。但在真实生活面前,许多人把自己的梦想在不经意间丢掉了,接受了一个并不满意的现实。而我们应该做的,是秉持执著的梦想。因为人是不会被打倒的,除非自己放弃自己,那才是最致命的。

没有谁不渴望高高在上,不喜欢高品质的生活,不想获得别人的羡慕和崇拜。成功就是成为我们梦想中的自己,就是实现了自我价值并获得了社会认可的自己。

没有理想追求的人永远都不会成功,在现实的基础之上,每一个人都可以给自己建立一个梦想,一个人生方向,并以之激发你的斗志,不断奋斗,梦想也会离你越来越近,你终究会改变命运,成为梦寐以求的那个自己。

2. 永不满足是事业发展的动力

在人生的历程中,凡是有"得过且过"之心者,都会时时给自己找退缩之路。这样的人把自己关进懒惰的囚牢里永远也无法超越自我,工作中也很难有大的突破和进展,更别提他的人生了。

在古希腊有两个同村人,为了比试高低,就打赌看谁能走得离家更远,于是同时却不同路地骑马出发了。

一个人走了10天后,心想:"我还是停下来吧,因为我已经走了很远了,我敢肯定他没有我走得远。"他就停了下来,休息了几天,然后他就回到了家里,继续自己的农耕生活。

另一个人走了10年,却一直没有回来。村里的人都认为这个傻瓜为了一场没有必要的打赌而丢掉了性命。

有一天,一队浩浩荡荡的大军向村里开来,村民不知道发生了什么事。当队伍临近时,突然有个人惊喜地叫道:"那不是威克逊吗?"消失了10年的威克逊已经成了这队大军的统帅。

威克逊下马后,向村民打听说:"杰瑞呢?我真的要感谢他,因为那个

打赌，才使我有了今天。"

杰瑞羞愧地说："祝贺你，朋友！可我至今还是个农夫。"

得过且过只能使你低人一等。只有永不满足的人，才会不辞辛劳，一往无前。

职业生涯第一忌便是"得过且过"。"得过且过"在字典上的解释是只要勉强过得去就这样过下去，也指对工作不负责任、敷衍了事。

有许多颓废的人常常说，"得过且过，过一把瘾吧"，"只要不是饿肚子就行了"，"只要不被炒鱿鱼就够了"。这种人其实就是在承认自己没有生机。他们简直已经脱离了世人的生活，至于让他"克服消极心态"，那更是不可能了。

别看现在这个社会竞争激烈，但总有人能"超然物外"、我行我素，"按既定方针办"，领导再怎么急于出成绩、见效益，那也跟我没关系，我就这么着了。这种人又分为两种：一种是真傻、也真懒，虽说也对生活有较高的要求，知道好日子过着舒服，但就是不愿意费那个劲。动脑子、花心思太累，有时间还是趁年轻多玩玩。另一种人是装傻，其实往往很聪明、有能力、也不乏思想，表面看是偷懒，实际上是糊弄事，让人说深了不是、说浅了不是，您不是让我干活吗，我干了，让干多少干多少，您还想怎么着啊？可那活质量如何？咳，差不离儿得了，较什么真儿啊，给这点钱，值得拼命嘛！

假如你是第一种人，"天上没有掉馅饼的"最适合你，即使你占过那么一两次小便宜，一旦遇到裁员风波，领导开除名单的第一行肯定有你。

假如你是第二种人，也许工作对你只是个解闷的工具，你不指望靠它挣钱，那是个人生活观的问题，谁也无法改变你，不过您最好自觉点，自动离职最好，等着让人开除就没什么面子了。

打起精神来！绝不要满足于现有的成就，给自己树立一个目标然后为之去奋斗吧！我们的奋斗即使未必能够让我们立即就有所收获，或者马上就得到物质上的安慰，但它却能够充实我们的生活，使我们获得无限的乐趣。务实的脚步加上远大的理想,不懈地追求加上永不言败的信念,这样的你才能够成就一番事业。

因为不满足现有的成就,人们才会不断地自我发展和自我完善,在他们的工作生活中,才不会放过任何迎接挑战的机会,无论目标是多么难于到达,一旦被他们认准,就绝不放弃,遇到困难也不罢休。学到新东西如获至宝,发现有价值的东西决不放弃,持有这种空杯心态的人,成功对于他们来说仅仅是时间问题。

林绍良,因其雄厚的财力、庞大的势力,富甲东南亚,被誉为"亚洲的洛克菲勒"。然而很多人不知道,这位拥有亿万家业的富翁,曾经不过是个靠卖花生油起家的小贩。他的成功令人瞩目,而其传奇经历和戏剧性的创业史更让人寻味。

1916 年 7 月 16 日,林绍良出生于中国福建省一个普通的农民家庭。1938 年的春天,林绍良来到印度尼西亚投奔他的叔父,叔父林财金在镇上开了一个花生油店,林绍良就在店里当学徒。每天起早贪黑地干活,空余的时间还要学习印度尼西亚语及爪哇方言。林绍良发现,在店中坐等顾客上门不行,便向叔父提出要到外面去推销。他走街串巷,上门推销他们的花生油。这一招还真可行,销售额成倍地增长,叔父高兴地给他加了薪,鼓励他继续干下去。

两年之后,他有了一些积蓄,便独立创业,以寻求更大的发展。他做起了贩卖咖啡粉的生意,每天半夜三更就起床,先将买来的咖啡豆磨成粉,然后再用旧报纸包成小包,天还没有亮,就骑上自行车,赶到六七十里外的三宝垄市去贩卖。后来,每当林绍良回忆起这段"骑自行车贩卖"的艰苦生活时,就深感艰苦岁月对他日后事业的发展影响特别的大,他感慨地说:人需要经得起磨炼,这样才会有所进步。

1945 年 8 月 15 日,日本投降之后,印度尼西亚也宣告独立。但是日军刚退出印尼,荷兰殖民军又卷土重来,一场抗击荷兰殖民者的独立战争打响了。有过几年经商经验,独具慧眼的林绍良预感到自己独闯天下、大

显身手的时间到了。他坚信，这场战争的最终胜利必将属于印尼人民，而自己的事业成败则与这场战争息息相关。于是，他离开了在异国唯一依托的叔父，选择了一条充满危险的道路——给印度尼西亚军队运送军火和药品。

就在这时，有一位名叫哈山·丁的高级领导人为摆脱荷兰情报人员的追捕，在林家躲藏了一年多，与林绍良成了莫逆之交，他就是后来印尼共和国第一任总统苏加诺的岳父。通过哈山·丁的关系，林绍良结识了苏哈托，而在当时苏哈托还只是个上校团长。不久之后，林绍良冒着生命危险，用帆船载着从新加坡购买的武器及军需物品，凭着对地形和海路的熟悉，左右回旋，巧妙地越过了荷兰军队的封锁线，把军火安全地运到中爪哇印尼军中。

就这样，林绍良押运军火，一次又一次地穿过荷军的封锁线，就像入无人之境，他从军火生意中获取了非常可观的利润，同时又与苏哈托等印尼军官结下了深厚的私人友谊，这为他日后事业的成功打下了坚实、可靠的基础。

在贩运军火、药品的时候，林绍良还发现了另一宗可获大利的买卖——丁香生意。当时中爪哇生产的丁香烟远近闻名，而且销路也很好，因此，生产香烟原料的丁香需求大大增加，每年的需求量高达2万多吨，远远供不应求。做丁香生意的利润非常诱人，但是风险特别大，运输丁香必须穿越荷兰军队的重重封锁线，搞不好会人财两空。

然而，具有过人胆识，又有精明经营头脑的林绍良，根据以往运输军火的经验，设计出了一条适合运输丁香的路线。虽然当时战火纷飞，但由于有印尼军队的保护，林绍良的丁香生意在战火纷飞中畅通无阻，滚滚金钱流进了他的腰包。几年之间，林绍良已成了南洋颇有名气的大商人了。

战争终以印尼的胜利而结束，心怀大志的林绍良，在一连串生意上的成功之后，也决心大展宏图。1952年，他将自己的贸易公司迁到首都雅加达。从1954年起，他相继办起了肥皂厂、纺织厂、轮胎厂以及自行车零件制造厂。随着企业的不断发展，他逐渐把目标放在进出口的贸易上，在香港和新加坡建立起贸易关系。在经营活动中,他体会到,不管是经商还是办厂,都必须得到金融界的支持;要想实现自己的宏伟愿望,就必须建立起自己的金融机构。

1957 年,他在泰国金融巨头陈弼臣的帮助下,创办了中央亚细亚银行。有了银行做后盾,林绍良在生意场上就如虎添翼,自如地应付企业资金的周转,1967 年之后,林绍良迎来了事业上又一个高速发展期,这一年苏哈托出任印度尼西亚总统,次年政府颁布了国内投资法令,为包括华人在内的国内外企业家提供了发展的机会。林绍良紧紧抓住了这个机遇,利用他与苏哈托以及其他军政官员的良好关系,在事业上大展身手,终于建立起"林氏王国"。

"林氏王国"业务跨越美、欧、亚、非各洲。两大集团下属 192 家公司,分布在印尼各个城市及世界上的一些国家和地区,涉及金融、旅游、航运、矿产、汽车制造、地产、电子、木材、交通、种植、建筑、保险等 70 多种行业,称雄印尼。林绍良本人也享有"世界第六巨富"的美称。

林绍良正是以这种永不满足的信念去创造他的商业王国的,因此取得了非凡的成功。

在困难和危险之中,可能会有更多的机遇,只要我们永不退缩,勇于挑战,我们才能战胜失败,取得成功!

雷纳斯·格力雷先生说,做事如果想达到最优美的境地,就得有远大的眼光和热诚的心意。一个有生气、有计划、有远大目标的人,一定会不辞辛苦,聚精会神地向前迈进。他们从来不会想到"得过且过"这样的话。他们的生活永远都是崭新的,每天都在有计划地进步,他们只知向前跨,不管自己是走了一寸还是一尺,最重要的是不断取得进步。

只要你有不满足现状的心态,勇于挑战的勇气和魄力,你就会把握住改变自己命运的机会,登上事业和人生的顶峰!

3.明确的目标会充分激发你的原动力

当我们仔细考察那些已获得巨大成功的人物时,就会发现,目标是他们最为看重的成功因素之一。他们每一个人都各有一套明确的目标,都已订出达到目标的计划,并且花费最大的心思和付出最大的努力来实现他们的目标。

《获取成功的精神因素》一书的作者克莱门特·斯通说:"每一个渴望成功的人都应该为自己设定一个明确的目标:过成功的生活,成为一个有创造力的人。如果你不为自己设定一个成功的目标的话,你是绝不可能取得成功的。"

卡耐基曾经做过这样一个调查,他的调查对象是世界上一万个不同种族、年龄和性别的人。通过调查,他发现,在一万个人中只有3%的人能够确定目标,并知道怎样把目标落实;而另外97%的人,要么根本没有目标,要么目标不确定,要么不知道怎样去实现目标。十年之后,卡耐基重新对这一万个人进行了又一次调查,调查结果令人十分震惊:属于原来那97%范围内的人,除了年龄有所增长外,在生活、工作、个人成就上几乎没有太大的起色,还是如同十年前一样平庸;而那原来与众不同的3%的人,却在各自的领域里都取得了成功,这些人在十年前提出的目标,都不同程度地得以实现。

为了证明树立目标的重要性,拿破仑·希尔曾为我们假想一场生死攸关的篮球冠军争夺战中的一个场景:

两支球队在做了赛前热身运动后,为投入比赛做好了身体上的准备。然后他们返回到更衣室,教练给他们面授行动前最后的"机宜",下达最后的指示。他告诉队员："伙计们！这是最后一战，成败就在此一举，我们要么会青史留名，要么默默无闻，结果就取决于今晚！没有人会记得第二名！整个赛季的成败就在今晚！"

队员们士气高涨，一个个像被打足了气的皮球。当他们冲出门跑向球场时，几乎要把门从框上扯了下来。可当他们来到球场上时却愣住了，一个个大惑不解，十分沮丧和恼怒。原来他们发现球篮不见了。他们愤怒地大叫："没有球篮我们怎么打球？"因为没有球篮，他们就没法知道比分，就无法知道他们的球是否命中，他们的得分是否多于对手。总之，没有投球的目标，他们就无法进行比赛。球篮对于球类比赛相当重要，对吧？那你呢？你是否也在打一场没有球篮的比赛？如果是这样，你的得分是多少？

一个没有目标的人就像一艘没有舵的船，永远漂流不定，只会到达失望、失败和丧气的海滩。

美国财务顾问协会的前总裁刘易斯·沃克曾接受一位记者访问有关稳健投资计划的基础。他们聊了一会儿后，记者问道："到底是什么因素使人无法成功？"

沃克回答："模糊不清的目标。"记者请沃克进一步解释。他说："我在几分钟前就问你，你的目标是什么？你说希望有一天可以拥有一栋山上的小屋，这就是一个模糊不清的目标。问题就在'有一天'不够明确，因为不够明确，成功的机会也就不大。"

"如果你真的希望在山上买一间小屋，你必须先找出那座山，想出你想要的小屋现值，然后考虑通货膨胀，算出5年后这栋房子值多少钱；接着你必须决定，为了达到这个目标每个月要存多少钱。如果你真的这么做，你可能在不久的将来就会拥有一栋山上的小屋，但如果你只是说说，梦想就可能不会实现。梦想是愉快的，但没有配合实际行动计划的模糊梦想，则只是妄想而已。"

聪明的、有理想、有追求、有上进心的人，一定都有一个明确的奋斗目标，他懂得自己活着是为了什么。因而他的所有的努力，从整体上来说都能围绕一个比较长远的目标进行，他知道自己怎样做是正确的、有用的，否则就是做了无用功，或者浪费了时间和生命。

有目标的人，也总是保持着马力十足的人生状态。奥格·曼狄诺说："目标越高，动力越足。"一个人爬楼梯，分别以6层为目标和以12层为目标，其疲劳状态出现的早晚是不一样的。詹姆斯·艾伦总结了人们生活中的经验，认为：把目标定在12层，疲劳状态就会晚出些，当爬到6层时，你的潜意识便会暗示自己——还有一半呢，现在可不能累！于是，鼓起勇气继续上行……在这里，目标高低带来的自我暗示几乎直接决定了你行为动力的大小。其实，在我们成长过程中，几乎无时无刻不在"爬楼"，或许你会意识到其中起作用的不只是生理因素，自我激励的心理因素作用将占极大的比重。

当你问起美职篮高手"飞人"迈克·乔丹，是什么因素造成他不同于其他职业篮球运动员的表现，而能多次赢得个人或球队的胜利？是天分吗？是球技吗？抑或是策略？他会告诉你说："美职篮里有不少有天分的球员，我也可算是其中之一，可是造成我跟其他球员截然不同的原因是，你绝不可能在美职篮里再找到我这么拼命的人。我只要第一，不要第二。"

你或许会感到不解，到底迈克·乔丹拼命不懈的动力来源于何处？那是发生于他念高中一年级时一次在篮球上的挫败，激起他决心不断地向更高的目标挑战。就在这个目标的推动下，飞人乔丹一步步成为全州、全美国大学，乃至于美职篮历史上最伟大的球员之一，他的事迹一一改写了篮球比赛的纪录。

那天，乔丹被学校篮球队退训。回到家，他哭了一个下午。在那个重大打击下，他原可能就此决定不再打篮球了，可是没有，他反而把这个教训转变为强热的愿望：为自己制定一个更高追求的标准，更高达成的目标。他的决定出自内心且很坚决，由此改变了自己的命运，也让篮球比赛的发展为之改观。

他不仅要重新成为球队的一员，并且还要成为最棒的。在升高二之前的暑假中，他找到校队教练克里夫顿·贺林去寻求帮助，每天在他的指导下进行密集训练。终于，他被选为校队参加比赛。10年之后，他更证明了美职篮芝加哥公牛队教练道格·柯林斯的见解："准备得越充足，幸运就越会跟着来。"经常有很多人不愿意给自己制定目标，因为害怕失败所引致的失望，然而他们却不懂得，"设定目标乃是成功的基石"。

你的目标中必须含有某种能激励你自我拓展、自我要求的要素，而这些要素也会帮助你不断成长、改变、进步。

一个真正的目标必须充满挑战性，正因为它具有挑战性，又是由你自己所选择的，所以你一定会积极地想完成它。换句话说，你的目标不仅是一种挑战，同时也是激励你的原动力。

美国潜能成功学大师安东尼·罗宾说："如果你是个业务员，赚1万美元容易，还是10万美元容易？告诉你，是10美万元！为什么呢？如果你的目标是赚1万美元，那么你的打算不过是能糊口便成了。如果这就是你的目标与你工作的原因，请问你工作时会兴奋有劲吗？你会热情洋溢吗？"

戴高乐说："唯有伟大的人才能成就伟大的事，他们之所以伟大，是因为决心要做出伟大的事。"教田径的老师会告诉你："跳远的时候，眼睛要看着远处，你才会跳得更远。"

需要警惕的是，实现目标需要专注和执著。我们的目标一旦定下来，就要勇敢地一直向着目标前行。如果随时随地改变目标，必然会使我们无所适从，到最后都不知道自己到底要干什么了，只能一事无成。

三只猎狗在追赶一只土拨鼠，土拨鼠钻进了一个树洞里。这个树洞只有一个出口，可不一会儿，居然从树洞里钻出一只兔子，兔子飞快地向

前跑,并爬上另一棵大树。兔子躲在树上,仓皇中没站稳,掉了下来,砸晕了正仰头看它的三只猎狗。最后,兔子终于逃脱了。

故事讲完后,老师问:"这个故事有什么问题吗?"

同学们说:"兔子不会爬树,一只兔子不可能同时砸晕三只猎狗,更何况兔子根本逃不出三只猎狗的围捕。"

"还有呢?"老师继续问。直到学生们再也找不出问题了,老师才说:"可是还有一个问题,你们都没有提到,土拨鼠哪去了?"

土拨鼠哪去了?老师的一句话,一下子把学生们的思路重新拉回到猎狗追寻的最初目标上——土拨鼠。因为兔子的突然出现,大家的思路在不知不觉中打了岔,竟使土拨鼠从我们头脑中消失了。

如果你感到自己人生浑浑噩噩,那么就为自己确立一个目标吧!因为一个目标明确的人,会感到自己心里很踏实,生活和工作很充实,注意力也会神奇地集中起来,不再被许多繁杂的事所干扰,干什么事都显得成竹在胸。只有在实现目标的过程中,我们才能够检验出自己的创造性,调动沉睡在心中的那些优异、独特的品质,才能锻炼自己、造就自己。

4. 境界的高低决定成就的高低

一个具有崇高生活目的和思想目标的人,毫无疑问会比一个根本没有目标的人更有作为。有句苏格兰谚语说:"扯住金制长袍的人,或许可以得到一只金袖子。"那些志存高远的人,所取得的成就必定不同一般。即使你的目标没有完全实现,你为之付出的努力本身也会让你受益终生。

一天晚上,年轻的母亲正在厨房里做饭,才几岁的小儿子独自在洒满月光的后院玩耍。儿子蹦蹦跳跳,玩得不亦乐乎。年轻的母亲不断听到外面传来阵阵的"咚咚"声,很是奇怪,便大声询问:"亲爱的,你在干什么?"

天真无邪的儿子也大声回答:"妈妈,我在试着跳到月亮上去。"

这位母亲并没有像其他孩子的父母那样责怪儿子不好好学习,只知道胡思乱想。而是笑笑说:"好啊! 不过一定要记得回来吃晚饭啊!"

这个小孩长大以后真的"跳"到月球上去了,他就是人类历史上第一个登上月球的人——美国宇航员尼尔·阿姆斯特朗,时间是 1969 年 7 月 16 日。

远大的美好的理想能吸引人为实现它而努力。一个人思想境界的大小,决定了他的行为方式。人们常常以世俗的眼光,墨守成规地去判断事物的价值。而只有大境界的人,才能看到事物的真正价值。

《思考的人》一书的作者詹姆斯·艾伦说:"一个人所取得的所有成就都是他自己思想最直接的结果。一个人想要飞黄腾达、征服一切、获得成就,他必须使自己的思想升华。一个人若是拒绝提高自己的思想,他将永远处于怯懦、悲观绝望的境地。成就,无论其形式如何,都是因为具备了正确的思想。"

雷纳德教授在哈佛大学教授哲学,他已经在这里工作了 16 年,很受同学们欢迎。

一天,雷纳德教授问学生们:"你们中有谁可以告诉我,世界第一高峰是什么?"

这简直是小朋友的常识,谁不知道呢?早在小学的地理课本上就学过了! 所以,同学们都笑而不言,因为搞不清教授又有什么用意。但还是有几个好事的男生大声喊道:"珠穆朗玛峰!"

"陷阱"果然在后头,雷纳德教授紧接着就追问:"那么,世界第二高峰呢?"

这下，同学们都傻了。有人小声嘟囔道："书上没有写啊。"

雷纳德教授对此不置一词，又继续问道："你们再说说，第一个进入太空的人是谁？"同学们默不作声，当然不是忘记了加加林，而是因为大家已经知道了教授的下一个问题。没有人知道第二个进入太空的人是谁。

雷纳德教授对此很高兴，似乎成功完成了一项艰巨的任务。同学们却莫名其妙，不知道雷纳德教授这回在玩什么花样。突然，雷纳德教授转过身在黑板上飞快地写出一行字：屈居第二与默默无闻毫无区别！

雷纳德教授接着陈述了他的一项实验结论。8年前，雷纳德教授曾要求他的学生毫无秩序地进入一个宽敞的大礼堂，并独自找个座位坐下。反复几次后，雷纳德教授发现有的学生总爱坐前排，有的学生则盲目随意，四处乱坐，还有一些学生似乎特别钟情于后面的位置，雷纳德教授分别记下他们的名字。8年后，对他们的跟踪调查结果显示：爱坐第一排的学生中，成功的比例高出其他两类学生很多。

雷纳德教授淡然一笑："其实，那些学生的知识与能力相差无几，只不过有些人更喜欢坐在第一排罢了。"

你的境界决定你的成就，你想的其实就是你能达到的。所以，为什么不让自己站得更高些看得更远些呢？

很多时候并不是我们的能力达不到，而是我们没有想要去坐第一排。如果你想要坐第一排，而且不想当第二名，你的激情就会被你的信心所点燃，你的潜能就会被你的激情所挖掘，你的成功也就理所当然。

1949年10月28日，布鲁斯·金纳出生于纽约州的奥辛宁。中学毕业后，他在艾奥瓦州格雷斯兰大学获得了一笔田径奖学金。他的教练韦尔顿发现他在体育方面很有前途，动员他练十项全能运动，并准备参加奥运会选拔赛。但是，在圣巴巴拉的运动会上，金纳的撑竿跳彻底失败了。

他练习了几年的步伐完全乱了套。"如果起跳高度不成功，那就全盘皆输。仅此一项就是1000分。但我起跳的步子错了，根本没有跳起来。

我非常难受，说了几句话就跑出了大门，躲进了一片树林中大哭了一场。没跳出成绩关系不大，但离奥运会只有一年的时间了。"金纳回忆道。

没等圣巴巴拉运动会结束，金纳就回到家中思考自己的问题。"我同女朋友克丽斯蒂谈了几次。她对我说：'你想在奥运会上拿金牌吗？在奥运会上取得胜利是不是很重要？那是不是你一生中最重要的事情？'"

无疑，克丽斯蒂的问题打中了要害。

"记得我当时坐在客厅的一张大黑椅子上，我不能回答说'是'，因为我的脑子很乱。接着我想，还是稳妥一点好，还是继续保险公司的生意吧。搞不成体育，就靠别的维生。"

"但我是有取胜的潜力的，取得第二名或第三名，对我都意味着失败。如果我真的认为那是我一生中最重要的事情，那就不仅仅是在奥运会上取胜的问题，不仅仅是在竞技场上竞争的问题，而是把体育当成自己的生命，是自己立志要做的事情。如果失败，那也就是失去了生命。"

"于是，我对克丽斯蒂说：'是的，夺取金牌确实是我一生中最重要的事情！'"

金纳回忆说，他当时觉得心里就像打开了一个闸门，浑身热血奔流，力量倍增。"我还是坐那张椅子上，但精神状态完全变了样。"

1975年8月，金纳参加了一个非常重要的运动会，以8524分的成绩打破了十项全能的世界纪录。这时离奥运会还有一年时间。

"这是因为我的精神状态变了，认为'这是我的生命，是我要做的事情'。我参加这次比赛有充分的思想准备。我做完了每一个项目，整个比赛中都发挥得很好！"

"这是我事业上的一个重大变化。由于我遇到了挫折，然后对奥运会失败的可能性做了认真的考虑，所以才得到了这样的结果。"

1976年，布鲁斯·金纳打破了奥运会男子十项全能运动的世界纪录，获得了金牌，并荣获"世界最佳运动员"称号，令世人为之震惊。

詹姆斯·艾伦说："在精神领域取得成就是一个渴望建功立业的人所

能达到的理想境界。一个人如果能够一直拥有崇高的思想、纯洁的心地，就能够达到人生的极致，成为一个贤明高尚、有影响的人，从而获得真正的幸福。"

　　事实告诉我们，你的理想越远大，目标越明确，成就也会越大！如果你为赚钱而努力，那么你可能会赚很多钱。但是，如果你想干一番事业，那么你就有可能不仅赚很多钱，而且会干一番大事。如果你只为薪水而工作，你只能得到一笔很少的收入。但是，如果你是为了你所在公司的前途而工作，那么你不仅能够得到可观的收入，而且你还得到自我满足和自我价值的体现。你对公司做的贡献越大，你个人所得到的回报就会越多。而如果你为了理想而奋斗，并坚持不懈，那么你可能会获得非凡的成就，成为时代的骄子！因为你思想境界的高度会决定你人生成就的高度。

5. 强大的信念可以战胜一切艰难险阻

　　信念，是蕴藏在心中的一团永不熄灭的火炬；信念，是保证一生追求目标成功的内在驱动力。

　　《圣经》上说："强烈的信仰和信念，能够产生奇迹。"事实正是如此。许多奇迹的产生不是因为上天希望发生奇迹，而是因为强大信念的支撑。

　　美国作家欧·亨利在他的小说《最后一片叶子》里讲了这样一个故事：

　　病房里，有一个生命垂危的病人，她饱受病痛的折磨，身体每况愈下，一天不如一天。她已经开始自暴自弃了。有一天，她从房间里看见窗外的一棵树，枯黄的叶子在秋风中一片片地掉落下来，望着眼前的萧萧落叶，她悲伤地对自己说："当树叶全部掉光时，我也就要死了。"

　　天气越来越凉，树上的叶子剩下的越来越少，病人开始用手指盘算着自己的日子，"还有十片叶子，我的日子不多了"。病人很绝望，她觉得自己就像是寒风中那些将要凋零的树叶，随时都会被大风卷走。

但是当其他的树叶都落光的时候，病人却发现树上还留着一片青翠的树叶，看着它，心里升起了一丝希望，她告诉自己："连一片树叶都这样坚强，勇敢面对生命的考验，我为何不能够坚强一点呢？"于是病人开始积极地配合医生的治疗，而且她每天都能看见树叶坚强地留在枝头，不管多冷的寒风，它始终没有掉下去。这使她获得了莫大的鼓舞。

就这样，这片绿叶一直陪伴着病人度过了寒冷的冬天，她竟奇迹般地活了下来。后来她才知道那片永不凋零的树叶其实是一位好心的老画家用彩笔画的。而真正支撑自己的，其实是内心的信念。

强烈的信念能激励人心，会促使人们拿出实际行动。因为信念乃是一种动力，而强烈的信念乃是最有价值的动力，让一个人持久不懈地努力，以完成跟大众或个人有关的目标、计划、心愿或理想。

路易斯·宾斯托克说："你若是想在人生中有一番成就，最有效的办法便是把信念提升到强烈的地步，因为只有达到这种程度才会促使你拿出行动，扫除一切横在前面的障碍……当你强烈相信自己是个有能力掌握人生的聪明人时，这个信念就可帮助你度过人生中各种艰苦的时光。"

在一次航行中，由于海风袭来卷起很大的浪潮把船打沉了，船上人员死伤无数。有一个人却侥幸获得一个救生艇而幸免，他的救生艇在风浪上颠簸起伏，如同树叶一般被吹来吹去。他迷失了方向，救援人员也没有找到他。

天渐渐黑下来，饥饿寒冷和恐惧一起袭上心头。灾难使他除了这个救生艇之外，一无所有，甚至自己的眼镜也丢了，他的心灰暗到了极点，无助地望着天边。

忽然，他看到一片片阑珊的灯光，他高兴得几乎叫了出来。他奋力地划着小船，向那片灯光前进，然而，那片灯光似乎很远，天亮了，他也没有到达那里。

　　但是他没有死心,仍然继续艰难地划着小船,他想那里既然能看到灯光,就一定是一座城市或者港口,生的希望在他心中燃烧着。

　　白天时,灯光看不清了,只有在夜晚,那片灯光才在远处闪现,像是对他招手。

　　就这样,三天过去了,饥饿、干渴、疲惫更加严重地折磨他。有几次他都觉得自己快要崩溃了,但一想到远处的那片灯光,他又陡然增添了许多力量。

　　第四天,他依然向着那片让他有生还希望的灯光划着。最后,他实在是支撑不住了,就昏倒在艇上,虽然如此,但他脑海中却始终闪现着那片灯光,依然认为自己能够活着到达那片有灯光的港湾或码头。

　　到了晚上,终于有一艘经过的船把他救了上来。当他醒来时,大家才知道,他已经不吃不喝在海上漂了四天四夜。

　　当有人问他是怎么坚持下来时,他指着远方的那片灯光说:"是那片灯光给我带来了希望。"

　　大家顺着他指的地方望去,那里哪是什么灯光,只不过是天边闪烁的星星!

　　生命的路上,谁都会遇到各种艰难险阻。只要我们不放弃自己的希望,心中有一个坚定的信念,不向困难低头,终会渡过难关。

　　信念的力量是巨大的。高尔基说:"只有满怀信念的人,才能在任何地方都把信念沉浸在生活中并实现自己的意志。"因为信念是成功的基石。一个有信念者所开发出的力量,大于99个只有兴趣者的力量。

　　世界石油大王保罗·盖蒂从小不爱读书,父亲很失望。他给儿子500美元,然后对他说:"这是给你打天下的本钱。两年内,我每个月只能给你100美元做生活费。"

　　"我如果赚不到100万美元,我永远不回来!"保罗发誓。

　　保罗带上简单的行李,踏上东去的火车,只身一人来到俄克拉荷马州的塔尔萨镇。这里被称为冒险家的乐园,许多人来此挖掘石油,以求一夜暴富。当时,挖掘石油是一个很冒险的行业,你如果发现大油田就会马上成为百万富翁,但是假如接连打了几口滴油不见的干井就只能倾家荡产。

保罗环顾四周,一切都很陌生,各式各样的人都在到来,都为了寻找石油而来。有钱人还建立了石油公司,专门寻找石油开采。同这些人相比,保罗不过是小混混。然而,他却没有被吓倒,决心一试身手。

当时一个已经赚足了钱的石油大王伯恩达吹嘘道:"凭借石油发财要靠运气,除非他能闻出石油,即使在 3000 英尺以下也能闻得出来。"

保罗很不服气,他认为,发现石油是要靠运气,可运气不是坐着等就会上门的,要自己动手去找,才能碰到好运气。

1915 年冬季,保罗得到一个消息:有一块叫"南希泰勒农场"的地皮要拍卖。他怦然心动,不少人都说那块地皮下一定有石油。于是,他马上开车奔赴现场。走了一圈,凭直觉猜测那块地很可能蕴藏着丰富的石油,可保罗兴奋不起来,一场激励竞争是免不了的。保罗想:"公开竞争,我是不会赢的,我只有 500 美元啊!怎么办,靠硬拼是不行的。"

一心要做石油大亨的梦想促使他产生了一个谁都不敢想象的办法。保罗来到他存款的银行,要求派代表替他喊价。他故意神秘兮兮,做出不肯透露谁是真正的买主的样子。在他的游说下,银行的一位高级职员同意到时候和他前往。

公开拍卖开始了,银行高级职员首先举牌,引起在场的人一阵惊讶和骚动。

一些向银行借钱的人不做声了,和银行没有借贷关系的人低声议论,来者不善啊!

最后,那个银行职员——实际上是保罗以 500 美元的价钱买下了这块地皮的石油开采权,那只是报价的三分之一。

保罗迅速雇人架设起铁架和钻井,钻头开始伸向地下……

一天天地过去了,第二年 2 月 2 日,在井的 400 多米深处,出现一层带有油渍的沙土,这意味着,这口井里有没有油,在 24 小时内将会揭晓。

第二天,他的油井钻出了石油。

保罗·盖蒂注定会成为石油大亨。因为在激烈的竞争中,他没有被

那一群腰缠万贯的大亨们吓倒,更没有因为囊中羞涩而黯然退出。他要一夜暴富,成为人人敬仰的石油大亨,尽管口袋里只有可怜的 500 美元投资资金。

500 美元买来一个石油大亨,是强烈信念所创造的奇迹。人生就有许多这样的奇迹,看似比登天还难的事,有时轻而易举就可以做到。其中的差别就在于非凡的信念。

信念可以让你无所畏惧,信念会使你成为一个对诸多禁忌持怀疑论调的人,信念是造就"天下第一人"起码应具备的特质。一旦你的信念发挥到极致,世界对于你来说就没有了极限。

莱特兄弟坚信人可以飞上天,所以才有了今日的飞机;爱迪生坚信人说过的话可永远留存下来,所以才有了留声机、录放机;帕尔曼坚信被人类称之为禁果的有毒的鬼苹果是可吃的,所以人类才多了一种不可或缺、营养丰富的食物——马铃薯。

可以说,强烈的信念能发出巨大的力量,如果缺乏它,将难以点燃成功的火焰。

6. 让我们踏向伟大人生目标的征程

认定自己的终生目标之后,如何才能付诸实现?奥格·曼狄诺在一次演讲中说,欲把目标变成现实,需要采取以下几个步骤:

第一,制订一个书面计划,目标应该适当,最后期限应该明确。自己想要完成什么,书面目标不仅为你提供一个参考,而且能时常提醒你。比之模糊的目标,适当的目标更容易实现,因为你要获得的东西非常明确具体。任务一旦明确,你便会竭力抽出时间来完成它。比之"有朝一日"完成某个目标,制定一个最后期限,有助于你实现既定的目标。

第二,你需要把自己的目标分成长期目标和短期目标。终生的目标不会在一夜之间完成,而是需要一步一步地完成。为了完成任务,首先应该决定需要做什么,这便构成了你行动的第一步。比如,你的终生目标之一,是做自己的生意。那么,走向这个目标的第一个步骤,就包括学习经济、会计、管理等课程,以便为将来的事业打下基础,包括在实习过程当中积累经验,包括结交一些在创业之初可以为你出谋划策、为你提供经济或其他援助的朋友,还包括读完你的学位。获得终生目标的步骤,包括大任务和小任务,包括长期目标和短期目标。通过短期目标,你便可以实现长期目标。

第三,你的目标应该能够看得见。你是否在新年的第一天许愿立志?有些人把自己的决心和计划写下来,束之高阁,随后便遗忘殆尽。能使他们再度想起自己的目标和计划的,只是下一个新年了。为了实现自己的计划和目标,应把它们张贴在你经常可以看见的地方(比如,张贴在你的告示牌上,在日历上,在课程表上,或在你的镜子上)。

第四,要注意自我损害的各种形式。有些情形对成功不利,而有些情形则能增加成功的机会。你经常选择哪种情况?比如,你选择跟自己在一起工作的朋友是否对你有着负面影响?你工作的地方是否有助于你聚精会神?是否你的工作效率不高,就因为你手头总是找不到需要的东西?或者你需要的材料都一应俱全?对于自己的失误,你是否重蹈覆辙?或者你是否看到了自己的成功?你的选择,将对你的成败起着决定性的作用。

第五,从自己的错误当中学习。

第六,虽然别人可以帮助你,但要实现自己的目标,却不可依赖别人。

第七,你需要现实地做一考虑:在给定的时间之内,你能完成什么。同时,你还要意识到,你可以改变自己的主意。

考虑一下你毕业时的年龄。如果你22岁大学毕业,65岁退休,你的工作时间便是43年。如果你推迟一两年毕业,你还有40年左右的工作时间。如果你45岁毕业,你有20年的工作时间。如果你毕业的时间再晚一些,你仍然有同样多的工作时间,甚至能够更长时间地工作。这是为

什么呢？因为如果你的压力稍微小一点，你的工作效率就更高，你的寿命也更长。从这个角度来讲，是上一两个学期还是更多学期的课程才能实现获得学位的终生目标，此时就显得不那么重要了。在多种角色面前，大部分人都被压倒了。实际上，一个人不可能在扮演那么多角色的同时，还能扮演得如此出色。从某个角度而言，你需要重新审视自己的目标，需要对自己要做的事情重新排序。毕竟，你的目标是取得平衡——而不是失去平衡。

第八，你需要知道自己的动力何在。动力可以是积极的(比如，良好的工作成绩)，也可以是消极的(比如，较差的工作成绩)。动力分为外部动力(比如，来自同事的压力、惩罚、奖赏、分数、金钱、恭维、待遇等)和内部动力(比如，骄傲、满足、恐惧、成就、快乐或其他感觉)。一般说来，与外部动力相比，内部动力的力量更大，更容易导向成功。因为内部动力代表着你的个人愿望。

最后，在追求理想目标的路上，要充分享受追求的乐趣和成功的快乐。许多人认为，一旦达到某个既定目标，就算成功了，就可以享受一下生活了。歌星约翰·列农说："生活就是当你忙于制订计划时，发生在你身上的事情。"每当一个目标实现，另外一个目标或任务便出现。目标或任务永远是没完没了。所以，在朝向一个目标努力的过程中，你应该同时享受生活。达到一个目标——无论这个目标有多小——都应该是一种成就。你应该庆祝自己所取得的成就，而不是总把目光盯在未完成的事情上面。

总之，每个人都应该树立一个人生目标并为之采取行动。拿破仑说："不想当元帅的士兵，不是一个好士兵。"一个人之所以伟大，是因为他树立了一个伟大的目标。伟大的目标可以产生伟大的动力，伟大的动力导致伟大的行动，伟大的行动必然会成就伟大的事业。想别人之不敢想，做别人之不敢做。让我们拥有一个远大的目标吧，高瞻远瞩，加足马力，积极进取，从而获得成功！

第二章　每个人都是一座待开发的金矿

　　我们是千万年进化的终端产物,头脑和身体都超过以往的帝王与智者。但是,我们的技艺,头脑,心灵,身体,若不善加利用,都将随着时间的流逝而迟钝,腐朽,甚至死亡。我们的潜力无穷无尽,脑力、体能稍加开发,就能超过以往的任何成就。从今天开始,我们就要开发潜力。我们不再因昨日的成绩沾沾自喜,不再为微不足道的成绩自吹自擂……我们不是随意来到这个世上的。我们生来应为高山,而非草芥。从今往后,我们要竭尽全力成为群峰之巅,将我们的潜能发挥到最大限度。

1. 重视自己的价值

桑叶在聪明人的手中变成了丝绸；黏土在聪明人的手中变成了堡垒；柏树在聪明人的手中变成了殿堂；羊毛在聪明人的手中变成了壁毯。

假若桑叶、黏土、柏树、羊毛通过人的处理，可以成百上千倍的提高自身的价值，那么我们更有理由使自己身价百倍。我们应该重视自己的价值。

其实，人的命运犹如一颗刚刚成熟的麦粒，有着三种截然不同的归宿。可能被装进麻袋，堆在家里，等着喂猪；也有可能被磨成面粉，做成面包；还可能被撒在地里，到又一个收获季节结出成百上千颗麦粒。

人比麦粒的优势是：麦粒无法选择是变得腐烂还是做成面包，或是种植生长。而人却有选择的自由，谁也不愿让生命腐烂，更不会让他在失败、绝望的岩石下徘徊。

我们应该重视自己的价值。如果想让麦粒结实地生长，必须把它种植在黑暗的泥土中，人的失败、失望、无知、无能便是那黑暗的泥土，需深深地扎在泥土中，等待成熟。麦粒在阳光雨露的哺育下，终会发芽、开花、结果。同样，人也要健全自己的身体和心灵，以实现自己的梦想。麦粒需等待大自然的契机方能成熟，而人却无需等待，因为人有能力选择自己的命运。

我们应该重视自己的价值。我们要为每一天、每个星期、每个月、每一年，甚至一生确立目标。正像种子需要雨水的滋润才能破土发芽，人的生命也须有目的方能结出硕果。在制定目标的时候，不妨参考过去最好的成绩，使其发扬光大。这必须成为你未来生活的目标。

永远不要担心目标过高，因为高标准可能取得中等的成绩，而低标准更可能取得下等的成绩。虽然在达到目标以前可能屡受挫折、摔倒了,再爬起来,不要灰心,因为每个人在抵达目标之前都会受到挫折。只有小爬虫才担心摔倒。人不是小爬虫,不是绵羊。让别人做他们的黏土茅草屋吧,你应该造的是一座城堡。

我们应该重视自己的价值。其实一个人太轻松成功,反而没有什么意思,正如你的生命的高度是要到达金字塔的顶端,如果你是一只雄鹰,你只需瞬间就能完成你的全部人生使命,你可以想见这将是一个多么无聊的生命历程;但如果你是一只蜗牛,你用了一辈子在不断攀爬,虽然中途有过彷徨,有过绝望,但当你在塔顶看到和雄鹰一样的风景时,相信蜗牛的喜悦、满足和成就感一定是远非雄鹰所能比拟的。

我们应该重视自己的价值。很多人都会自认为自己不是成功的材料,能有一份不错的工作养家糊口、小有盈余已经是自己生命的最高高度了。他们不相信自己的潜能,认为成功只是"想象"中的事。

本杰明·富兰克林是举世闻名的政治家、外交家、科学家和作家,他的多方面的才能令人惊叹:他四次当选为宾夕法尼亚州的州长;他制订出"新闻传播法";他发明了口琴、摇椅、路灯、避雷针、两块镜片的眼镜、颗粒肥料;他发现了墨西哥湾的海流、人们呼出的气体的有害性、感冒的原因、电和放电的同一性;他设计了富兰克林式的火炉和夏天穿的白色亚麻服装;他向美国介绍了黄柳和高粱;他最先解释清楚北极光;他最先绘制出暴风雨推移图;他创造了换气法;他创造了商业广告;他最先组织消防厅;他率先组织道路清扫部;他是政治漫画的创始人;他是出租文库的创始人;他提议了夏季作息时间;他是美国最早的警句家;他是美国第一流的新闻工作者,也是印刷工人;他是《简易英语祈祷书》的作者;他是英语发音的最先改革者;他还被称为"近代牙科医术之父";他创立了美国的民主党;他创设了近代的邮信制度;他想出了广告用插图;他创立了议员的近代选举法;富兰克林的自传是世界上所有自传中最受欢迎的自传之一,仅在英国和美国就重印了数百版,现在仍被广泛阅读;他作为游泳选手也很有名……

诚然，像他这样在各方面都显示出卓越才能的人是少见的，可是这也足以说明这样一个道理——只要愿意，人无所不能。

在古老的印度有这样一个传说：有一段时间，地球上所有的人都是神，但人类是如此罪恶并滥用神权，以至于梵天——一切众生之父，决定应该剥夺人类所拥有的神性，并把它藏到人们永远也不会重新发现的地方，以免他们滥用它。

"我们将把它深埋于地下。"其他的神说道。

"不，"梵天说，"因为人们会挖掘到地层深处并发现它。"

"那么我们将把它沉于最深的海。"神们说道。

"不，"梵天说，"因为人们会学潜水在海底发现它。"

"我们将把它藏于最高的山上。"神们说。

"不，"梵天说，"因为人类总有一天会爬上地球的每座山峰又会捕获到神性。"

"那我们实在不知道应把它藏在哪儿，人类才不会发现。"这一小部分神说道。

"我会告诉你们，"梵天说，"把它藏在人类自己身上，他们绝不会想到去那里寻找。"诸神赞成。

他们就这样做了，于是把"神性"藏在我们每个人身上。自从那时起人类一直遍访世界，通过挖掘、潜水和攀登寻找那类似于神一样的品质，而这种品质却一直隐藏在他自己身上。

我们每个人都是有神性的，这种神性就是梵天埋在我们心灵深处的种子，这具有成长的力量，具有无比巨大的潜能，它等待着你的发掘，等待着涅槃重生。

一代先师孔丘，初时以建立以"仁"治国的完美社会为志。周游列国之后，终于没有成功，然而他却是很好的老师，孔子的弟子遍及天下，他也最终成为中国古代伟大的思想家、教育家。由此可见，只有找到自己的枝头,生命的意义才能实现。

一代喜剧大师卓别林,年少时因相貌不佳总是成为别人的笑柄,然而,在他的喜剧生涯中这恰恰成为一种优势,他主演的无声喜剧电影达到了无声胜有声的境界。这不得不说他那"不佳"的容貌促成了他"上佳"的表演。

世界首富比尔·盖茨,本是一名著名大学的学生,然而当他感觉到大学所教的内容并不适合自己时,便毅然离开学校,从事自己喜爱的电脑设计工作,最终积累了世界上无人能比的巨额财富。

社会在发展,可是道理却没有变,找准自己的位置,发挥自己的价值,生命就能闪光。

也许在你奋斗过程中还受到诸多质疑,经历无数磨难和失败,但人生最大的失败就是放弃自我。坚持自我,永不言败,正如一本书里写的那样:"欣赏你的人可以使你充满自信,批评你的人可以使你愈挫愈勇,伤害你的人可以使你更加坚强,疼惜你的人可以使你知道感恩,依赖你的人可以让你拥有能力,想依靠的对象可以让你歇歇脚……"

保持一颗开放、进取与感恩的心,相信自己,做自己想做的事情,怀抱理想,你终究会实现自己最大的人生价值。

2. 做你自己所热爱的事情

人的生命是有限的,怎么度过每一天你可以自己决定。你会去做自己热爱的事情,还是做一些并不愿意做的事情呢? 找出自己的兴趣所在,找到一份自己喜欢的工作,活出真实的自我,这样才不枉在人世走一遭。你这一生能够有多成功,就取决于你做了多少自己热爱的事情。

人的一生,应该努力去做自己热爱的事情。你只管去做你热爱的事

情,这是你最喜欢做而且也是一定能够做得最好的事情,因为你乐在其中,你会全力以赴。只要你把自己热爱的事情做到极致(你没有理由做不到,就凭这是你的热爱),你就一定能够从中得到丰厚的收入。

如果你热爱自己,那么就去做你热爱的事情。

你不必为了任何人去做你不热爱的事情,即使是为了你热爱的人。如果你热爱的人所热爱的事情你并不热爱,那么你就通过去做自己热爱的事情,然后雇别人来做那些能够让你热爱的人快乐的事情吧。

这个世上没有任何动力能够让你把自己不热爱的事情做到极致。如果勉强为身边的人去做自己不热爱的事情,是不会做得有多好的,最终恐怕也难以令你热爱的人满意,责备怕是难免的。而你的一肚子委屈又向哪里发泄呢?你们之间的亲情、爱情也很可能因此而受到破坏。所以,你必须去做你热爱的工作,这样你才能有全心的投入,也才能够有最出色的表现,而最出色的你也必定会得到大家的喜爱和认可。

保罗生在一个大家庭里,这个家庭在蒙大拿州成功地经营着一座奶牛场,至今已有三代。同邻居、朋友们一样,保罗也热爱土地和牲畜。他十分看重农场生活,打算长大后继续从事畜牧业。他在附近的一所学院中学习农业管理,放假期间就在农场中做工。

自从保罗在学院选修了一门潜水课之后,他的生活目标便发生了变化。他曾在学校的游泳池和一条宽阔的河流中做过潜水练习;他还跨过两个州到海边去训练。保罗从未学习过游泳,他所面临的主要挑战是:课程要求学员能游一英里的距离。他不得不选修了一门游泳作为辅助课程,还每天坚持跑步(这不是他喜好的运动项目),以便能够达到通过考试所需的体能要求。

童年时代,保罗曾看过雅克·库斯托在电视上主持的海底世界节目,这给他留下了深刻的印象。这位法国海洋地理学家在海底似乎比在陆上更加安然,他在海底的探险活动以及他的发明深深地打动了保罗。保罗开始越来越多地思考着这个"迷人的王国"。他阅读着能够到手的每一本有关海底世界的图书；为了满足日益增长的兴趣，他还另外订购了有关的文学作品。他梦想着有朝一日能到有珊瑚礁的水域探险，识别那些美丽、奇特的鱼种。他以惊奇、赞叹的心情谈论着大海，对大海的知识也在不断增长。他急切地盼望着能到热带水域探险。春假期间，他取出自己的积蓄，乘飞机到开曼群岛去潜水——这次探险为他打开了一个崭新的世界。

保罗的家人认为，他的这个爱好不过是暂时的兴趣，就像其他人一样，几年之后就会过去的。然而，当保罗着手调查美国的潜水学校时，他们开始有些担心。保罗的兴趣与他们的生活毫无关联，因而，他们怀疑他的兴趣是否可行。他们很爱保罗，但他们把保罗的爱好看做是异想天开，只会浪费钱财。跟其他许多年轻人一样，保罗对家庭怀着很深的爱与珍惜，十分看重家人的意见。他的志向与家人的意见尖锐对立，他感到十分痛苦。另外，潜水学校远离家乡，要去求学，他肯定会想家的。

最后，他终于做出决定：他选择了一所他认为最好的学校，寄出了他的入学申请。学费十分昂贵；为了积攒学费，他不得不努力打工。他生活得十分简朴，以便尽快攒够学费。由于很少有人理解他和支持他，他知道，他被人视作"特别的人"。随着时光的流逝，他遇到过种种挫折，学业一再拖延。有多少次，他的梦想似乎离他远去。他怀疑是否环境在告诫他应放弃理想，去寻求更"现实"一些的人生目标。然而，他清楚地知道他的理想是什么，并努力地坚持着。

三年过去了，保罗终于进入了潜水学校。他学习十分刻苦，以优异的成绩完成学业，并优先获得学校的举荐，在巴哈马群岛的一处旅游胜地做潜水员。他在那里取得了宝贵的实践经验，又被聘回母校做教员。

在有了一段教学经验之后，他具有了教练资格。教学之余，保罗还学习其他课程，他又发现自己对海洋科学方面问题的兴趣，这给他开辟了广阔的发展前景。

他的成功经过进一步充实，又引来新的成功。在他27岁这一年，人们已将他视为这个领域的顶尖人物。他不仅继续从事教师职业，还给报刊撰写文章；他与人合伙开办了一家潜水用具商店，到各地去做商业性表

演;他给自己配备了全套的潜水设备,并且成为卓有建树的水下摄影师。他接受来自世界各方面的邀请。他感到,如今他可以去任何想去的地方,他的工作十分愉快,也拥有很多的朋友。他的家人都为他的成就感到自豪,他也经常回去看望他们。他也许有些"特别",但他却是他们所认识的人当中,最有趣而且是最幸福的一个!

保罗的例子很好地说明,我们应遵从内心的指示,对于自己的理想要有决断力,并根据当时的认识水平选择达到人生目标的最佳途径。这个例子还说明,我们应将我们的全部注意力集中到某一点上,就像让阳光通过火镜集中到一点,直至达到燃点。某种强烈的愿望一旦被"聚光",就将发挥巨大的威力,展示出你的愿望和理想的光辉。甚至,困难本身也会为我们提供克服的力量。

一位名人说:"你一定要做自己喜欢做的事情,才会有所成就。"

做你自己喜欢做的事情,其实是很困难的。大多数的人,多半都在做他们讨厌的工作,却又必须逼迫自己把讨厌的事情做到最好。

他们经常失去了动力,时常遇到事业的瓶颈,而没有办法突破。他们不断地征求别人的意见,却还是照着一般的生存方式在进行,凡事没有进展,原地踏步,这些当然不是他们想要的,但是由于种种原因,他们当中却很少有人试着去改变自己的状况。其实,要找到自己真正喜欢的工作,只需要把自己认为理想和完美的工作条件列出来就一目了然了。

有一个男孩,他的父母希望他能成为一个体面的医生。可是男孩读到高中时便迷上了电子计算机,整天摆弄着一台现在看来十分落后的苹果机,经常把计算机的主板拆下又装上,装上又拆下并乐此不疲。

男孩的父母很伤心,告诉他,他应该用功念书,否则根本无法立足社会。可是,男孩说:"有朝一日我会开一家公司。"父母根本不相信,还是千方百计按自己的意愿培养男孩,希望他能成为一名医生。

不久,男孩终于按照父母的意愿考入了一所大学的医科,可是他只对电脑感兴趣。在第一学期,他从当时零售商处买来降价处理的个人电脑,在宿舍里改装升级后卖给同学。他组装的电脑性能优良,而且价格便宜。不久,他的电脑不但在学校里走俏,而且连附近的法律事务所和许多小企业也纷纷来购买。第一个学期快要结束的时候,他告诉父母,他要退学。父母坚决不同意,只允许他利用假期推销电脑,并且承诺,如果一个夏季销售不好,那么,必须放弃电脑。可是,男孩的电脑生意就在这个夏季突飞猛进,仅用了一个月的时间,他就完成了18万美元的销售额。

他的计划成功了,父母很遗憾地同意他退学。

他组建了自己的公司,打出了自己的品牌。在很短的时间内,他良好的业绩引起了投资家的关注。第二年,公司顺利地发行了股票,他拥有了1800万美元的资金,那年他才23岁。

10年后,他创下了类似于比尔·盖茨般的神话,拥有资产达43亿美元。他就是美国戴尔公司总裁迈克尔·戴尔。

比尔·盖茨曾经亲自飞赴他的住所向他祝贺,对他说:"我们都坚守自己的信念,并且对这一行业富有激情。"

比尔·盖茨和迈克尔·戴尔是新经济时代富有典型意义的两个财富"神话"。他们的经历很相似,都中途退学,都成为了世界上顶尖的大富豪。也许他们的经历并没有普遍意义,但至少给我们的启迪是:选择你真正喜欢的事业,更容易获得辉煌的成功。

须知"天生我材必有用",做你自己,做到极致,你用自己的聪明才智获得财富、赢取尊重,然后你用金钱智慧去消费、投资、回报社会、帮助他人,这就是你非凡的价值。因此,你为这个社会作贡献的最好方式就是去做自己热爱的事情。当你成功的时候,许多人都会从你的成功中受益,而你就是一颗幸福快乐的种子,你的幸福和快乐是会生根发芽的,会惠及他人。对你自己,对所有与你相关的人以及整个社会来说,你的最大价值就在于全力以赴去把你热爱的事情做到极致。

3.让你的个性得到最充分的发展

每朵雪花都是独一无二的,没有任何两朵雪花是同样的。而指纹、声音和 DNA 也是如此。因此可以肯定,每一个人都是独一无二的个人。不过尽管在世上没有相同的人,但我们还是习惯与别人相提并论。

心理学家说:我们对自己的认知、对自己的定位以及我们将要实现的目标决定着我们在这个世界上的独特的位置。

有位美国记者采访晚年的投资银行业一代宗师J.P·摩根,问:"决定你成功的条件是什么?"

摩根毫不掩饰地说:"个性。"

记者又问:"资本和资金何者更为重要?"

老摩根答道:"资本比资金重要,但最重要的是个性。"

的确,翻开摩根的奋斗史,无论是他成功地在欧洲发行美国公债,慧眼识中无名小卒的建议大搞钢铁托拉斯计划,还是力排众议,甚至冒着生命危险推行全国铁路联合,都成功于他那倔强的和敢于创新的性格,如果排除这一条,恐怕有再多的资本也无法开创投资银行这一具有伟大的开创性意义的事业。

在这个世界上,每个人都是独一无二的。

既然你是世上独一无二的,你就应该把自己的禀赋发挥出来,无论是好是坏,你都得弹起生命中的琴弦。

你无须按照别人的眼光和标准来评判甚至约束自己,做个真正的自我,这才是最重要的。

道格拉斯·玛拉赫曾经用一首诗表达了自己在这方面的看法：

如果你不能成为山顶上的高松，那就当棵山谷里的小树吧——但要当棵溪边最好的小树。

如果你不能成为一棵大树，那就当丛小灌木；如果你不能成为一丛小灌木，那就当一片小草地。

如果你不能是一只麝香鹿，那就当尾小鲈鱼——但要当湖里最活泼的小鲈鱼。

科学家认为：人50％的个性与能力来自基因的遗传，这意味着另外的50％不取决于遗传，而取决于创造与发展。如果能够做到这一点，就可以改变对它们的看法，这是一种优良的品质。

也就是说，如果你认定了自己的独特之处，你就会拥有独一无二的形象。如果你有个清晰的自我认识，那么就不会给自己脸上贴很多消极、悲观的标签。不要被你所做的工作、所住的房子、所开的汽车或所穿的衣服限定住。因为这不是定位的最终目标，你也不是这些东西的总和，成功者相信自己，他们取得成功的潜在动力来自于他们对独一无二的完美诠释，更主要的是对定位的深刻理解。

李扬是中国著名的配音演员。出生于上个世纪70年代末80年代初的青年人应该都还记得他。可是你知道他的过去吗？

初中毕业后，李扬参了军，在部队当一名工程兵，工作内容主要是挖土、打坑道。但李扬却坚信自己在影视艺术方面有潜力。于是他抓紧时间，博览众多的著名剧本，并且尝试着搞些创作。退伍后李扬成了一名普通工人，但是他仍然坚持自己的目标。没有多久，大学恢复招生考试，李扬考上了北京工业大学机械系，变成了一名大学生。从此，他用来发掘自己身上的宝藏的机会和工具都一下子多了起来。经过不懈的努力，李扬在短短的五年中参加了数部外国影片的译制录音工作。1986年初，他迎

来了自己事业中的辉煌时刻——风靡世界的美国动画片《米老鼠和唐老鸭》招聘汉语配音演员,风格独特的李扬一下子被迪斯尼公司相中,为可爱滑稽的唐老鸭配音,从此一举成名。

罗莎琳·苏斯曼·雅洛在10多岁时,读了《居里夫人传》,便认定居里夫人的路就是自己要走的路。这一想法,在周围人看来简直是天方夜谭。在她高中毕业时,母亲希望她当小学教师;大学毕业时,父亲希望她去当中学教师。但是她说:"居里夫人也是女人,她做出了许多男人做不到的事,我相信自己也能像她那样度过一生。"而且,她还保证:自己不仅要成为一个居里夫人那样的大科学家,也要成为一个好妻子、好母亲。最终,她实现了诺言,不仅成为1977年诺贝尔生理学及医学奖获得者,而且还是一位有名的贤妻良母。

李扬、罗莎琳·苏斯曼·雅洛之所以能够成功,就是因为他们一直没有停止过张扬自己的个性,即便是在艰苦的环境中,也为自己心中的那个梦想而努力着。

"我是独一无二的造化","我是独一无二的奇迹",那么我们应该界定自己的个性呢?那就是:正确评价自己,并对自己充满信心。

你也许会常常误以为,个性就是音乐、艺术和智力等特定方面的天赋,实际上并非如此。我们每一个人都有一些奇妙的,而自己却一直忽视的个性与才能,诸如激情、耐力、幽默、善解人意、交际才能等,它们是有助于我们取得成功的强有力的工具。

要正确界定自己,还需要我们不要老拿自己与别人相比,因为这只会使你对自我形象、自信以及你取得成功的能力产生负面影响,你应该向一个人请教,你自己的能力是否得到了充分的发现与挖掘——这个人不是别人,正是你自己。

如果认定了自己的独特之处,你同样也就能造就你独一无二的形象,也就是说,你可以创造出一个自我的特殊品牌。如果你想成功的话,那么现在就用一个肯定性的问话来描绘你身上令你自豪的地方,这是标明你自我形象的第一步——不仅是现在的你,而且是你想成就的你。

最后,想要正确地界定自己,还要弄清这样一个问题:"我是谁?"对这个问题清晰的理解与意识就是界定出独一无二的你。如果你有一个清晰的自我形象,那么你便不会被你所做的工作、所住的房子、所开的汽车或是所穿的衣服所定位,你不是这些东西的总和,成功者相信的是他们自己本身,他们取得成功的潜力不依赖于地位或身份,而依赖于自身实现目标的信心和努力。

4. 寻找并发挥你的特长

每人都有特长,特长是每个人特有的强于他人的能力,只要我们发挥好自己的特长,便能轻松走上成功路。

也许你不信,很多人终其一生,都不知道自己有特长,当然更谈不上发挥和利用它们了,其实,每个平淡无奇的生命中,都蕴藏着一座丰富的金矿,只要你肯挖掘,你就会挖出令自己都惊讶不已的宝藏来。

法国有一个贫困潦倒的年轻人,流浪到巴黎,找到父亲的好友,期望他能为自己找一个谋生的差事。父亲的好友问他有什么专长,比如说会数学、物理、历史、会计什么的。年轻人窘迫地低下头,羞愧地说:自己似乎一无所长。父亲的好友想了想说:"那你先写下你的地址,我总得给你找个活做啊。"年轻人不好意思把自己的住址写下,刚想转身离去,却被父亲的朋友一把拉住说:"年轻人,你怎么说你没有特长呢,你的名字写得多好啊……""能写好自己的名字也叫特长?"年轻人不解地转过身疑惑地看着父亲的好友。

"当然,字反映了一个人的文化修养,一个人的内涵……"父亲的好友

意味深长地说:"人要有自信心,找工作之前,首先要找到自己的特长,并要把自己的特长发挥到极致……"听了父亲好友的一席话,年轻人使劲地点点头,后来他结合自己的特长找了一所中学教授法文,度过了一段艰苦的岁月,也就是从那时开始,这位年轻人认识到了自己在文学方面的天赋和特长,并开始发挥这个特长,他就是后来写出享誉世界经典文学巨著的法国19世纪著名作家大仲马。

世间有很多平凡之辈,都拥有一些诸如"能把名字写好"这类小小的特长,但由于自卑等原因常常被忽略了,这实在是让人遗憾的事。

有一位白领,在一家外贸公司做业务经理,用她的话来说就是工作、生活平平常常,因为工作需要,她经常出国,回来就会跟同事没完没了地讲一些国外见闻、趣事,有一次同事建议她,把这些东西整理成文字,投给媒体。后来她真的这样做了,从此之后一发而不可收,她现在是国内一家主流媒体的特约记者。回首走过的路,她说没想到自己在文字方面还有特长,并且能走到今天。

沈阳有个小女孩,学习不太好,职高毕业学的是面点,她有一个最大的特长——做饼。她做的饼,日本人最爱吃,据说有一个日本老板偶然间在街上买到了她做的饼,转身就把她挖到了日本。现在她仍在日本工作,用做饼赚得的钱,给国内的父母买了车和房。

人生的诀窍就是经营自己的长处,这是因为经营自己的长处能给你的人生增值,经营自己的短处会使你的人生贬值。正如富兰克林所说:"宝贝放错了地方便是废物。"

美国作家马克·吐温曾经经商,第一次他从事打字机的投资,因受人欺骗,赔进去19万美元;第二次办出版公司,因为是外行,不懂经营,又赔了10万美元。两次共赔将近30万美元,不仅把自己多年心血换来的稿费赔个精光,而且还欠了一屁股债。马克·吐温的妻子奥莉姬深知丈夫没有经商的才能,却有文学上的天赋,便帮助他鼓起勇气,振作精神,重新走创作之路。终于,马克·吐温很快摆脱了失败的痛苦,在文学创作上取得了辉煌的成就。

成功其实很简单,你只要做你最擅长做的事情,然后把它做得最好。

一个人竭尽全力去做一件事而没有成功,并不意味着他做任何事情都无法成功。因为他可能选择了不合天性的职业,这就注定难以出人头地。洛威尔说:"做我们的天赋所不擅长的事情往往是徒劳无益的,在人类历史上因为做自己所不擅长的事情而导致理想破灭、一事无成的例子举不胜举。"除非你所有的才能都得到充分的发挥,你才会发现自己真正擅长的是什么。只有你的天赋与个性完全和手头的工作相协调,你才会干得得心应手;除非你爱自己的工作达到废寝忘食的地步,否则,你肯定还没有找到自己真正的兴趣所在。在某一段时间里,你也许不得不做一些不喜欢的事,并为此苦恼,但是,你要尽早使自己从这种状态下解脱出来。英国散文家托马斯·卡莱尔说:"世界上最不幸的人要数那些说不清自己究竟想做什么的人。他们在这个世界上找不到适合他们干的事,简直无处容身。"

很多成功人士的成功,首先得益于他们充分了解自己的长处,从自己的长处入手,将自己的长处发挥了出来。如果不充分了解自己的长处,只凭自己一时的兴趣和想法,那么就很不准确,有很大的盲目性。

歌德刚开始并没能充分了解自己的长处是什么,树立了当画家的错误志向,害得他浪费了10多年的光阴,不过幸运的是,他最终发现了这一点,为此他非常后悔;美国著名女影星霍利·亨特一度竭力避免把自己定位为短小精悍的女人,结果走了一段弯路。后来幸亏有经纪人的引导,她重新根据自己身材娇小、个性鲜明、演技极富弹性的特点进行了正确的定位,出演《钢琴课》等影片,一举夺得戛纳电影节的"金棕榈"奖和奥斯卡大

奖,才不至于让自己的天赋浪费掉。阿西莫夫是一个科普作家,同时也是一个自然科学家。一天上午,他坐在打字机前打字的时候,突然意识到:"我不能成为一个第一流的科学家,却能够成为一个第一流的科普作家。"于是,他几乎把全部精力放在科普创作上,终于成了当代世界最著名的科普作家。

可以说,那些成大事的成功者,都有一个共同的特征:不论才智高低,也不论从事哪一种行业、担任何种职务,他们都在做自己最擅长的事情。

有一位知名的经济学教授曾经引用三个经济原则对运用自身优势做了贴切的比喻。他说,正如一个国家选择经济发展策略一样,每个人应该选择自己最擅长的工作,做自己专长的事,才会胜任并感觉愉快。

第一个原则是"比较利益原则"。当你把自己与别人相比时,不必羡慕别人,你自己的专长对你才是最有利的。

第二个原则是"机会成本原则"。一旦自己做了选择之后,就得放弃其他的选择,两者之间的取舍就反映出这一工作的机会成本,所以你一旦选择必须全力以赴,增加对工作的认真程度。

第三个原则是"效论原则"。工作的成果不在于你工作时间有多长,而在于成效有多少,附加值有多高,如此,自己的努力才不会白费,才能得到适当的报偿与鼓舞。

要选择好工作,首先要问问你自己的兴趣所在。"我喜欢做什么?""我最擅长什么?"一个人如果能够根据自己的爱好去选择事业的目标,他的主动性将会得到充分发挥。即使是十分疲倦和辛劳,也总是兴致勃勃,心情愉快;即使困难重重也绝不灰心丧气,而去想办法,百折不挠地去克服它。如果你喜欢你所从事的工作,你工作的时间也许很长,但丝毫不觉得是在工作,反倒像是游戏。

爱迪生就是一个好例子。这个未曾进过学校的报童,后来却使美国的工业革命完全改观。爱迪生几乎每天在他的实验室辛苦工作18个小时。在里面吃饭、睡觉,但他丝毫不以为苦。"我一生中从未做过一天工作，"他宣称，"我每天其乐无穷。"难怪他会取得这么大的成就。事实上，每个从事着他自己所无限热爱的工作的人，都能成大事。

"很多人往往一时很难弄清自己的兴趣所在或擅长什么，这就需要你在实际中善于发现自己、认识自己，不断地了解自己能干什么，不能干什么，如此才能取之所长，避之所短，进而成就大事。"

"作家斯贝克一开始并没有意识到自己会成为作家，曾几次改行。开始，因为他身高一米九多，爱上了篮球运动，成为市男子篮球队员。因为球技一般，年龄渐长，又改行当了专业画家。他的画技也无过人之处，当他给报刊绘画时，偶尔也写点短文，终于发现自己的写作才能，从此走上了文学创作的道路。

能否找到自己最感兴趣又最能发挥自己特长的工作往往决定着一个人的前途和命运。然而许多人既不知道自己对什么最感兴趣，又不知道自己的特长是什么，因而也不知道什么样的工作最适合自己。所以，一个人只有选择自己最感兴趣、最能发挥自己特长的工作才能更好地成就一番事业。"

成功的关键就是掌握自身的优势，并加倍强化这种优势，完全投入到自己所喜欢的工作与事业之中，并将这种富有特长的兴趣爱好发挥到极致。那么，就请循着你的特长找到你的方向，尽情发挥你的才能吧！

5. 困难中同样蕴含着非凡的价值

世界上只有一件事比遭受困难还要糟糕，那就是从来不曾遇见困难。因为，当一个人受尽困难折磨时，他的潜能才会被激发出来，而且，他才能越挫越勇，逼得自己去突破现状……人活着就是为了解决困难。这才是生命的意义，也是生命的内容。逃避不是办法，知难而上往往是解决问题

的最好手段。

　　人生之路不会是一帆风顺的，我们会遇上顺境，也会遇上逆境。其实，在所有成功路上折磨你的，背后都隐藏着激励你奋发向上的动机。古语有"变则通，通则达"的说法，面对困难，学会细心观察，用心观察生活的某个镜头，慢慢地你就会发现世界上的事情总是在变，而能够利用这种变化为自己创造机会、创造成功的人，才会拥有闪亮的人生。换一种思维方式，发挥我们所有的潜能去改变世界，也许成功就在拐角处。

　　1850年，美国报纸刊登了一则令平民百姓兴奋的消息："美国西部发现了大片的金矿。"那些怀揣着发财之梦的人们，便携家带口纷纷拥向金矿。21岁的李维·施特劳斯也经不起黄金的诱惑，加入到淘金者队伍。来到那里后，看着众多淘金者和一望无际的帐篷，他的发财梦很快就被打碎了。

　　于是他决定放弃从沙土里淘金的工作，他通过认真考察，发现要想在这里真正赚到钱不是从沙土里，而应该从那些工人身上淘出真正的金子来。就这样，李维·施特劳斯用身上所有的钱物开了一家专销日用百货的小商店。小商店开业以后，李维·施特劳斯忙着进货和销货，由于当时淘金者众多，用来搭帐篷和马车篷的帆布很畅销。看到这种情况，他便乘船去购置了一大批帆布运到工地，没想到货物刚一下船，小百货品就被抢购一空，而帆布却无人问津。下船后他问一个淘金的工人："你要帆布搭帐篷吗？"工人回答说："我们这需要的不是帐篷，而是淘金时穿的耐磨、耐穿的帆布裤子。"李维深受启发，当即请裁缝给那位淘金者做了一条帆布裤子。这就是世界上第一条工装裤。许多人纷纷找他询问怎么样才能买到帆布裤子，于是李维·施特劳斯当机立断，把剩余的帐篷布全部加工成了工装裤，很快便被抢购一空。如今，这种工装裤已经成了一种世界性服装Levis牛仔服。

　　牛仔裤以其坚固、耐久、穿着合适获得了当时西部牛仔和淘金者的青睐。经过大胆想象，李维·施特劳斯决定对工装裤做一次样式上的改观。

他找到了法国涅曼发明的经纱为蓝、纬纱为白的斜纹粗棉布。用这种面料生产出来的裤子，不但结实耐磨、柔软紧身，而且样式也比以前的漂亮多了。这种工装裤一时间在西部的淘金工人、农机工人以及牛仔中间广为流传。人们也把这种裤子改了叫法，叫做李维氏（Levis），在一时成为工装裤的代名词，这种叫法为工装裤的进一步流行起到了宣传作用。靛蓝色是和欧洲原始时代和宗教信仰有着密切关系的颜色，所以这种颜色对牛仔裤流行于欧洲起了潜在的帮助作用。

李维·施特劳斯还采用内华达州一位裁缝的建议，发明并取得了以钢钉加固裤袋缝口的专利。李维·施特劳斯所发明的工装裤逐渐具有了今天牛仔裤所特有的样式。李维·施特劳斯的工装裤的样式越来越漂亮，公司越办越红火。淘金工人进城休假时，他们身上的这种工装裤引起了市民的注意，一时间工装裤不仅受到淘金工人的欢迎，同时还受到了普通大众的钟爱。牛仔、大学生、青年纷纷购买李维氏工装裤，渐渐地，这种服装在美国成为一种时髦服装。直到今天，李维氏牛仔裤上的钢钉，仍是结实和美观的象征。李维氏工装裤就这样逐渐成为年轻化、大众化和充满青春魅力的象征，不同身份和地位的人开始接受李维氏工装裤。

李维公司已有140年的历史。当今，李维牛仔裤已发展成一种时尚服装，热销全世界。大量的订单如雪花般飞来，李维·施特劳斯于1853年成立了牛仔裤公司，以"淘金者"和牛仔为销售对象，大批量生产。后来，他们了解到许多美国妇女喜欢穿男牛仔裤。根据这种情况，李维公司经过深入调查，设计出适合妇女穿的牛仔裤、便装和裙子，销售额大增。

你自己潜在的创造力是一生享用不尽的财富，它可以使你战胜任何困难。这些困难并不一定指你所犯的错误或者遭遇的挫折，它们还包括你不知道如何将事情纳入正轨，或者如何解决的一些困难。多数时候，你知道如何解决汽车抛锚的问题，你也知道如何对付经理布置的几乎不可能按期完成的加班任务。所以说，你也具有创造能力，并且有可以把内心的梦想变为现实的所有能力。

当厄运降临时,如果你惧怕它,感到恐慌无助,那么你就将变得情绪低落、意志消沉。这样思维就会变得迟钝,智力也会降低,内在的潜力也便无法发挥出来。最终,你迎来的只有失败!当不幸袭来时,应积极乐观地去面对它,并相信自己可以征服它,这样思维将变得活跃,智力也会提高,而且能激发出昂扬斗志,这一切使得内在潜力得到超常发挥,最终战胜困难,迎来胜利的曙光!

44岁那年,她下岗了,丈夫一年前也下了岗,儿子正在大学念书,她是家里的顶梁柱,而下岗使她这个家里的顶梁柱遭到了沉重一击。但是她不能倒下,所有的眼泪和痛苦都必须咽下,她还要继续支撑这个家。

她在街上摆了个摊,卖早餐。没下岗的时候,她每天都是7点半起床,不慌不忙的。现在,她必须每天5点前起床,收拾收拾就去摆摊。她的胆子仿佛一下子变大了,以前在单位,大会上领导点她发言,她面红耳赤,心跳加速,说话结结巴巴,惹得哄堂大笑,而摆摊以后,她的嗓门一下子亮起来,对着街上来来往往的人高喊:"油条,新出锅的油条啦!""八宝粥,又卫生又营养的八宝粥啦!"有些时候,她还会编出些新词,引得来往的行人不时地将目光投向她,生意自然也不错。邻近摊位的摊主都说她是做生意的料,根本不像个新手。第一个月,她粗粗结算了一下,赚了2300多元钱,整整比下岗前的工资多1000多元钱,她显得兴奋异常。虽然比以前累了些,但她却很高兴,心里豁亮了起来。

由于生意很好,她一个人确实忙不过来,就说服骑三轮拉客的丈夫跟她一块儿出摊卖饭。丈夫爽快地答应了。夫妻俩同心协力,开始了新的人生旅程。他们从卖油条和粥开始,到租个门面房卖饺子卖小吃,再到开面食加工厂,8年时间,她从一位下岗女工成为有着800多万资产的民营企业的厂长。这期间,她遭遇了不少困难,吃了不少苦,但是最终她成功了,被当地政府评为"再就业明星"、"市三八红旗手"。

在河北省廊坊市,说起她——姜桂芝,人人都竖起大拇指。在接受记者采访、谈到自己的经历时,姜桂芝这位很朴素的女强人说了这样一段话:"我实在想不到我的今天会是这么好,以前总觉得自己很平庸,做什么都不成,在单位混口饭吃就满足了。可一下岗,我整个人都变精神了,才觉得自己可以做的事情很多,自己也可以做一番事业。如果不是下岗,恐怕我就浑浑噩噩过一辈子了。"

生活中,有多少人在浑浑噩噩过日子? 有多少人在安逸的工作中懈怠? 有多少人认为自己没有什么本事就安于现状、不思进取? 很多时候,我们的潜能正需要一种危机、一些困难来激发,我们内心深处被掩藏已久的人生激情也正需要它们来唤醒,在困难中,我们会发现新的机遇,反而实现了我们人生的最大价值。不要总羡慕别人头上的光环,在艰难困苦中,其实你也有能力、有机会给自己戴上美丽的花冠。

超越自己便能收获成功,在现实生活中有很多人在青年时或者刚入职时雄心万丈,意气风发,一旦遭受挫折和困难便开始怀疑自己的能力,常常抱怨上天不公.慢慢地,他不是想方设法去追求成功,努力战胜自己,而是一而再,再而三的降低自己成功的标准,这个标准在他心目中逐渐形成一个默认的不可跨越的"高度",这个高度经常暗示着自己的潜在意识:那事我做不了,我没能力接受那个工作……失败常常不是因为我们不具备这样的实力,而是在心理上默认了一个"不可跨越"的高度限制。

有人做过这样一个实验:他捉来一只跳蚤把它放进一个玻璃杯里,跳蚤立马跳出了玻璃杯,他又重复第二次,第三次……然而跳蚤都很轻松地跳出了玻璃杯.于是他找来一块小玻璃,把跳蚤放进去以后再在杯子上面盖上玻璃板,跳蚤一次又一次地跳撞到玻璃板上,当第二天他再一次去看那只跳蚤时,却发现跳蚤仍然在不停地跳,可是却再也没有撞到玻璃板上了,而是跳到低于玻璃板的下面,索性他把玻璃板拿开,让他感到惊奇的是跳蚤还是只跳那么高,没有跳出玻璃杯,几天过去了,那只跳蚤仍然在玻璃杯里不停地跳着,可是却再也没有跳出那个玻璃杯.是它跳不出去吗? 不是,我们知道跳蚤跳的高度是它身体的若干倍,是因为在它心里已

经默认了这个限定的高度,如果要让它跳出玻璃杯,只要在玻璃杯下面点火,它就会很轻松地跳出去。

跳蚤跳不出默认高度的玻璃杯,我们人常常也跨不出自己默认的那个圈点,认为自己只能在这个圈点范围内活动和工作,任何超越这个圈点的想法都是不现实的,不能实现的。有很多人本来按照自己的实力完全可以找一份理想的工作,然而由于自我设限把自己关进了一个狭小的圈子里,导致自己的实力没得到充分展示,没有把自己的光和热全部释放出来,给自己完美的人生留下了太多的遗憾和感伤!

要想塑造一个全新的自我,就不要自我设限,打破内心的这种“心理高度!”面对困难和挫折,也许你会自惭形秽地说:“我这么笨,怎么可能成才呢?”“我太平凡了,根本不是那块成功的料!”然而,有这样一个老师、校长都认为很笨的人最终却成为了最伟大的科学家之一,他就是阿尔伯特·爱因斯坦——现代最杰出的物理学家之一。这个当年被校长认为“干什么都不会有作为”的笨学生,他没有活在别人的阴影里,而是不断地超越自己。

1879年3月14日,阿尔伯特·爱因斯坦降生在德国的一个叫乌尔姆的小城。最初,父母对他寄托了全部的期望。然而,没过多久,父母就开始失望了:人家的孩子都开始学说话了,已经三岁的爱因斯坦才“咿呀”学语。后来,爱因斯坦的妹妹,比他小两岁的玛伽已经能和邻居交谈了,爱因斯坦说起话来却还是支支吾吾,前言不搭后语……看着举止迟钝的爱因斯坦,父母开始忧虑。他们担心他的智能是否会不及常人。

直到10岁时,父母才把他送去上学。可是,在学校里,爱因斯坦受到了老师和同学的嘲笑,大家都称他为“笨家伙”。学校要求学生上下课都按军事口令进行,由于爱因斯坦的反应迟钝,经常被教师呵斥、罚站。有的老师甚至指着他的鼻子骂:“这鬼东西真笨,什么课程也跟不上!”一次工艺课上,老师从学生的作品中挑出一张做得很不像样的木凳对大家说:

"我想,世界上也许不会有比这更糟糕的凳子了!"在哄堂大笑中,爱因斯坦红着脸站起来说:"我想,这种凳子是有的!"说着,他从课桌里拿出两个更不像样的凳子,说:"这是我前两次做的,交给您的是第三次做的,虽然还不行,却比这两个强得多!"一口气讲了这么多话,爱因斯坦自己也感到吃惊。老师更是目瞪口呆,坐在那里不知说什么好。

在讥讽和侮辱中,爱因斯坦慢慢地长大了,升入了慕尼黑的卢伊特波尔德中学。在中学里,他喜爱上了数学课,却对那些脱离实际生活的课不感兴趣。孤独的他开始在书籍中寻找寄托,寻找精神力量。

1895年秋天,爱因斯坦经过深思熟虑,决定报考瑞士苏黎世大学。可是,他却失败了,他的外文不及格。落榜后的他没有气馁,参加了中学补习。一年以后,他获得了中学补习合格证书,并且考入了苏黎世综合工业大学。这时的他,已经在为自己的未来做准备了,他把精力全部用在课外阅读和实验室里。教授们看见他读和学习无关的书,做和考分无关的试验非常不满,认为他"不务正业"。

爱因斯坦大学毕业时,正赶上经济危机爆发,由于他是犹太人血统,又没有关系,没有钱,所以只好失业在家。为了生活,他只好到处张贴广告,靠讲授物理获得每小时3法郎的生活费。这段失业的时间,给了爱因斯坦很大的帮助。在授课过程中,他对传统物理学进行了反思,促成了他对传统学术观点的猛烈冲击。经过高度紧张兴奋的五个星期的奋斗,爱因斯坦写出了9000字的论文《论动体的电动力学》,狭义相对论由此产生。

可以说,这是物理学史上的一次决定性的、伟大的宣言,是物理学向前迈进的又一里程碑。尽管还有许多人对此表示反对,甚至还有人在报上发表批评文章,但爱因斯坦还是得到了社会和学术界的重视。在短短的时间里,竟然有15所大学给他授予了博士证书,法国、德国、美国、波兰等许多国家的著名大学也想聘请他做教授。当年被人们称为"笨蛋"、"笨东西",认为无法成才的爱因斯坦,终于成了全世界公认的、当代最杰出的聪明人物。

许多在事业上有成就的人,在童年时代、少年时代并不一定能显出锋芒毕露的优势,相反,他们却太平凡,甚至显出迟钝、愚笨的样子,常常要被周围的人嘲笑、讥讽。如果因为自己笨就灰心丧气,不再努力,那不是将自己潜在的才华、能力都扼杀在摇篮中了吗?

每个人都有不同的才能,每个人都有着非凡的价值,以待挖掘。在面对困难时,只要你还有一颗不放弃、自强的心,你定会放射出与众不同的异彩。能够不断超越自我的人,必定能获得成功!

6.自信具有巨大的魔力

在我们的职业生涯中,我们可能会遇到各种困难和挫折,有的人可能因此停滞不前,有的人可能发挥自己的聪明才智想方设法克服解决,关键是看你对待这些困难和挫折的态度,以及是否具备战胜困难的信心和勇气。

美国作家爱默生曾说:"自信是成功的第一秘诀。"一个人要想改变自己的命运,最重要的是自信,要始终相信自己。自信是对自我能力和自我价值的一种肯定。在影响自我的诸要素中,自信是首要因素。有自信,才会有成功。

自信如一根柱子,能撑起我们精神的广漠天空,自信如一片阳光,能驱散迷失者眼前的阴影,拥有自信,你的人生就会充满希望!

宋代范仲淹有志于天下,他两岁便失去父亲,母亲贫困无依,就改嫁到长山一位姓朱的人家。范仲淹稍微懂事之后,知道了自己的家世,泣别了慈母,到南都学舍不分昼夜地苦读,5年中间竟没有解开衣服好好地睡过觉,有时困倦已极,便用冷水冲洗一下头脸。他连稠粥都不够吃,所以常常忍饥挨饿熬到下午才吃饭。哪怕条件再艰苦，他也坚信着自己的能力并坚持着自己的追求。就这样，他勤奋地学习，《诗》、《书》、《礼》、《易》、《春秋》这五经之旨，便都领会并精通了，从而慷慨激昂地表达了以天下为己任的伟大志向，不仅提出了"先天下之忧而忧，后天下之乐而乐"的伟大抱负，而且成为宋代有名的政治家、文学家。

还有一个关于信心的魔力的故事，说是有一位女歌手，第一次登台演出，内心十分紧张。想到自己马上就要上场，面对上千名观众，她的手心都在冒汗："要是在舞台上一紧张，忘了歌词怎么办？"越想，她心跳得越快，甚至产生了打退堂鼓的念头。

就在这时，一位前辈笑着走过来，随手将一个纸卷塞到她的手里，轻声说道："这里面写着你要唱的歌词，如果你在台上忘了词，就打开来看。"她握着这张纸条，像握着一根救命的稻草，匆匆上了台。也许有那个纸卷握在手心，她的心里踏实了许多。她在台上发挥得相当好，完全没有失常。

她高兴地走下舞台，向那位前辈致谢。前辈却笑着说："是你自己战胜了自己，找回了自信。其实，我给你的，是一张白纸，上面根本没有写什么歌词！"她展开手心里的纸卷，果然上面什么也没写。她感到惊讶，自己凭着握住一张白纸，竟顺利地渡过了难关，获得了演出的成功。

"你握住的这张白纸，并不是一张白纸，而是你的自信啊！"前辈说。

歌手拜谢了前辈。在以后的人生路上，她就是凭着握住自信，战胜了一个又一个困难，取得了一次又一次成功。

可见，自信完全掌握在自己手中，拥有自信，你将拥有美好的明天！

李开复曾说，"自信是一种感觉"，他11岁赴美求学，1988年获得卡内基·梅隆大学计算机系博士学位，并留校任教。他先后在苹果公司、SGI公司担任要职。1998年，他加盟微软公司，亲手创办了微软中国研究院(后更名为微软亚洲研究院)。2000年，升任微软公司的全球副总裁，随后成为比尔·盖茨的七个高层智囊之一。

刚加入微软公司时，李开复在工作中与同事进行一般的沟通没有问题，但到了比尔·盖茨面前就总是不敢讲话，因为他非常担心自己说错话。

有一天，公司要进行改组，比尔·盖茨召集十多个人开会，要求每个人轮流发言。他当时想，既然一定要讲，那不如把心里话都讲出来。于是，他鼓足勇气说："在我们这个公司里，员工的智商比谁都高，但是我们的效率比谁都差，因为我们整天改组，而不顾及员工的感受和想法。在别的公司，员工的智商是相加的关系。但当我们整天陷在改组'斗争'里的时候，我们员工的智商其实是相减的关系……"

说完后，整个会议室鸦雀无声。会后，很多同事对他说："你说得真好，真希望我也有你的胆量这么说。"结果，比尔·盖茨不但接受了他的建议，改变了公司这次的改组方案，并在与公司副总裁开会时引用他的话，劝大家开始改变公司的文化，不要总是陷在改组"斗争"里，造成公司的智商相减。

从此，他再也不惧怕在任何人面前发言了。这件事充分印证了"你没有试过，怎么知道你不能"这句话。

自信心是要通过自我表现才能不断加强的。只有将自己的能力、自己的见解充分展示出来，才能真正看到自己对他人的影响力，才能从这种影响力中获取足够的自信。缺乏自信的人，永远也不会有快乐。

尼克松是大家极为熟悉的美国总统，但就是这样一个大人物，却因为一个缺乏自信的错误而毁掉了自己的政治前程。

1972年，尼克松竞选连任。由于他在第一任期内政绩斐然，所以大多数政治评论家都预测尼克松将以绝对优势获得胜利。

然而，尼克松本人却很不自信，他走不出过去几次失败的心理阴影，极度担心再次出现失败。在这种潜意识的驱使下，他鬼使神差地干出了后悔终生的蠢事。他指派手下的人潜入竞选对手总部的水门饭店，在对手的办公室里安装了窃听器。事发之后,他又连连阻止调查,推卸责任,在选举胜利后不久便被迫辞职。本来稳操胜券的尼克松,因缺乏自信而导致惨败。

我们要学会培养自信心,认识并发掘自身的优势,增强自信,对自己抱有信心,使别人对我们萌生信心。

曾经有一个悲观的青年欲了结一生,在海边徘徊,长吁短叹。有一老者注意到了,便上前询问。"你为什么不开心呢,年轻人?""我现在一无所有,一无所长,不断失败,我再也没有什么指望了,不如一死了之。""你其实很富有,年轻人。""是吗?"年轻人一脸狐疑。"给你十万元,买你一只眼睛好吗?""那可不行?"年轻人想都没想。"八万元,买一只胳膊?""不行。""那就买一只手,或三个手指头?""也不行。"老者哈哈大笑:"年轻人,你现在知道你多么富有吧。"年轻人不好意思地笑了,自信重新回到了他的脸上。

还有一位青年因为没有鞋穿而沮丧,直到他看到有一位失去了双脚却仍然十分快乐的人之后。那人告诉他,如果你失去了前进的风帆,你还有奋斗的双桨;脚虽然失去了,但自信的翅膀却更加强劲有力。

是的,这样的事例比比皆是。海伦·凯特又聋又盲,但她通过触觉感知的世界同样丰富多彩。是自信给了她光明,使她的内心阳光灿烂。同时,她的自信又驱散了多少人心头自卑沮丧的阴霾。

美国总统罗斯福的夫人艾莉诺·罗斯福说过:"没有你的同意,谁都无法使你自卑。自信是一个循环。如果你表现出足够的自信,别人就会认同你的自信,你就会因此而越来越自信。"

因为自信,关云长单刀赴会;因为自信,毛遂脱颖而出;因为自信,布鲁诺视死如归;因为自信,比尔·盖茨弃学从商。那么,让我们拥有自信,相信自己,自立自重,把握好自己的人生,创造美好明天!

第三章　只要坚持不懈,胜利就在前方

　　"天将降大任于斯人也,必先苦其心志,劳其筋骨,饿其体肤,空乏其身,行拂乱其所为,所以动心忍性,增益其所不能。"成功是甜美的,但通往成功的路就是一趟痛苦、艰辛、坎坷的旅程,只有坚持到最后的人,才能称为胜利者,成为那个"天降大任者"。"锲而舍之,朽木不折;锲而不舍,金石可镂。"一个人只要坚持不懈地追求,他就能达到目的。

1. 面对失败要有迎难而上的勇气

人们要想干成一番事业,不但会遭遇挫折,而且还会遭遇各种困难和艰辛。困难只能吓倒那些性格软弱的人。对于真正坚强的人来说,任何困难都难以迫使他就范。相反,困难越多,对手越强,他们就越感到拼搏有味道,越能激发他们挑战的欲望。

有的人在一般情况下,也是不怕困难的;但若碰到太多的困难,感到"困难"太强大了,则往往被慑服。其实,人生的主宰就是人自己。失足者也好,残疾者也好,失恋者也好,落榜者也好,只要自强不息,均可挖掘出生活的甘泉。多少人硬是过不了困难关,因为他们首先过不了自己这一关。他们怕自己,怕病、怕死、怕舆论,怕苦、怕累、怕吃亏,加上懒惰、急躁、拖拉、推诿等等内在的弱点和外在的困境齐相呼应,内外夹攻,毅力岂能有不瓦解之理。要想过好困难关,首先要过好自己这一关。拿出你的勇气来,不怕天,不怕地,不管什么困难,勇敢地较量一番。有了这种不怕困难的勇敢,就有了征服困难的精神力量。

在困难面前能否有迎难而上的勇气有赖于和困难拼搏的心理准备。也有赖于依靠自己的力量和克服困难的坚强决心。许多人在困境中之所以变得沮丧,是因为他们原先并没有与困难作战的心理准备。当进展受挫、陷入困境时便张皇失措,或怨天尤人,或到处求援,或借酒消愁。这些做法只能徒然瓦解自己的意志和毅力,客观上是帮助困难打倒自己。他们既然不打算依靠自己的力量去克服困难,结果,一切可以征服困难的可行计划便都被搁置,本来能够克服的困难也变得不可克服了。还有的人,面对很强的困难不愿竭尽自己的全力,当攻不动困难时,便心安理得地寻找理由:"不是我不努力,而是困难太大了。"这种"天亡我,非战之罪也"想法所保护下来的不是征服困难的勇气和决心，而是怯弱和灰心。不言而喻，这种人永远也找不到克服困难的方法，永远是失败者。

真正坚强的人，不但在碰到困难时不害怕困难，而且在没有碰到困难时，还积极主动地寻找困难，这是具有更强的成就欲的人，是希望冒险的开拓者，他们更有希望获得成功。

阿拉伯民间故事集《一千零一夜》里，有一个勇敢的航海家辛伯达，他每次总是去寻找那种与大自然抗争、与海盗搏斗的惊险航行，而恰恰是这些经历使他应付危机的能力大大增强，使他一次次大难不死，安全抵达目的地。在生活和事业中，千千万万的强者，不正是从克服他们自己找来的困难中，取得了一个又一个引人注目的成就吗？

坚强地对待失败和鲁莽地对待失败是有区别的。坚强的人一方面不怕困难，一方面他们又高度重视困难，冷静地、深刻地研究和解剖困难，分析它的原因，理智地寻找征服它的途径。这种明智的态度可以大大地提高克服困难的能力。有一种人面对困难，虽然具有勇气，但只是莽撞行事，横冲直撞，看起来很坚强，实际上不但无济于事，有时还会导致进一步失败，最终造成无可挽回的局面，这是不可取的。

只要我们不怕困难，困难就会成为磨炼我们坚强性格的一块"磨刀石"。中国有句老话："艰难困苦，玉汝于成。"困难的环境，最能磨炼人的素质，增强人的才干，对人的性格有着特殊的锻炼价值。对于困难我们不必害怕也不必回避，而应以积极的态度迎难而上，在征服困难的过程中，把我们锤炼得更加坚强。

坚强的性格是成就大事业的基础。坚强的性格，首先表现在不怕挫折和失败，能够经受数十、数百乃至成千次挫折和失败的打击，而能矢志不移、不屈不挠。强者和弱者的区别，很大程度就是表现在对待失败的态度上，世界上的事情往往是这样：事业未成，先尝苦果；壮志未酬，先遭失败。而且，失败常常专跟强者作对。原因很简单：低的目标容易达到，弱

者胸无大志,目标平庸,几乎不经过什么失败就能如愿以偿。而越高的目标难度就越大,失败的机会也自然就越多。

有的人渴望成为强者,但却经受不住失败的打击。他们经过一阵子的奋斗,遭到一次乃至几次失败后,便偃旗息鼓、罢手不干了,因而最终只能与一事无成的弱者为伍。

有人认为:经受住数十数百次失败的打击而精神不垮,必须要有钢筋铁骨般的坚强意志,一般人是难以做到的。实际上未必如此。

坚强的毅力并不单纯来自忍受,而首先是来自明智和豁达。忍受失败的毅力,主要来源于对失败的科学认识和正确评价。强者认识到没有失败就不会有成功,失败里而就包含着成功。他们把开拓新路中遭遇到的失败看做是理所当然的事,有着足够的精神准备。他们也认识到一次失败即是一次经验的积累,因而能在失败中看到成功的因素。被失败所吓倒的人,与其说是害怕失败,不如说是对失败缺乏正确的认识,缺少迎难而上的勇气,许多人把失败看做一种不幸和灾难,在事情刚开始之时,就抱有"只许成功不许失败"的想法,这不仅是不现实的,也是不明智的。"胜败乃兵家常事",不仅"兵家",做什么事都会存在或胜或败两种可能。在行动前只作成功的打算,不作失败的准备,这只会削弱对失败的心理承受力,从而在失败面前变得十分脆弱。

许多人一般不能认识到表面上的失败从长远看很可能是有益的。在他们看来,要么失败,要么成功,既然失败了,那就不会成功。而事实上,事情的结局并不能作"要么成功、要么失败"的简单划分,介于"失败"和"成功"之间的情况是无穷无尽的,在"我失败了三次"和"我是个失败者"之间有天壤之别。而且,心理上的失败也不等于实际上的失败。有的时候,心理上感到失败了,而实际上他正在前进过程之中。而一个人只要心理上不屈服,他就没有真正失败。功亏一篑,亏就亏在心理的失败上。如果你在失败时,仍能表现得像一个胜利者,信心十足,充满干劲,那情况会大不一样。别人会认为,你的失败是环境所致,你是一个失败的强者,你会继续干下去,直到取得胜利。由此可见,在复杂的生活现象中,失败者和成功者这几个字很难恰当地用在一个复杂的、活生生的、总是在变的人身上，它们只能描述某个特定时间、特定地点的情况。此时的成功可能连着彼时的失败，这项工作的失败也许蕴含着另一项工作的成功。对事情只作"成功"和"失败"的机械划分，这是不对的，也是十分有害的。

爱出风头的人，错误地认为荣誉不能和失败连在一起，似乎承认了失败，就玷污了荣誉，一遭到失败，就感到丢了面子。因此，在失败而前，他们或者一蹶不振；或者采取不承认主义，硬撑面子；或者怨天尤人，责天怪地。这种人看起来十分要强，实际上不堪一击，是不折不扣的弱者。生活中，曾经有不少具有宏伟志向的人，就因为一次失败，而把以前所有的胜利一笔勾销，彻底垮了下去。有一位员工平时工作能力非常强，却因一次企业歌唱比赛中唱"砸"了，竟觉得无地自容，留下了一封对谁也没有责备的遗书，告别了人间。无疑，他想在各方面成为"强者"，但是却经不住一次"打击"，因而实际上成了十分软弱的人。古人早就说过："能胜者能不胜者谓之勇。"不仅能够安于胜利和成功，对待挫折和失败也能安然处之，才是真正富有理性的勇士。鲁迅当年曾经感叹中国少有失败的英雄，少有敢于单身鏖战的武人。只有不怕失败的人，才是真正的英雄。

许多人在看到强者的成功时，羡慕不已，嚷着要敢于冒风险，却对自己行动中哪怕是微不足道的一点失败都沮丧不已，这绝对算不上强者的行为。想要成就大事业，就不要害怕和失败打交道。一位立志改革的人说："如果我不会出错，那么我就不是在探索。"美国有一家鼓励创新的企业，鼓励创新的内容之一就是"允许失败"。这家企业的负责人说："只要你不心甘情愿地接受错误，你就不能创新。如果你拒绝了失败，实际上你也就拒绝了成功。"这里所包含的，就是胜和败的辩证法。

还有的人之所以害怕失败，是因为不懂得到底怎样才能"吃一堑，长一智"。失败除了带给他沮丧以外，没有给他带来任何东西，因而他自然而然地把失败看成可怕而又糟糕的事。失败从不会让人高兴，但一旦你学会利用它，它就会为你做出积极的贡献。比起重复过去的成功来，失败是个更好的老师。重复过去的成功不见得使你学到新东西，而失败则肯

定能给你以新的教益。你可以从一个组织得一团糟的聚会中学会怎样组织一个成功的聚会,你也可以从一系列失败的方案中理出比较可行、比较成功的方案。总之,只要你动手解剖失败,从失败中挖掘教益,你就能更快地从失败中走出来。

如果我们对失败有了正确的认识,而且对失败采取了正确的态度,那么,我们就不会被失败所打倒,屡经失败而不悔的坚强毅力也就自然产生了。

那么,应该怎样面对失败呢?

①避免使用"失败"这个词语。成就卓著的人很少使用"失败"二字,这个词使人压抑,听起来似乎意味着一个人的末日来临。他们更喜欢使用"过失"、"弄糟"或"不良结果"等词语来表达遇到失败。

②别为自己挂上"失败者"的标签。失败不仅是结果,它还是态度。当事情办糟的时候,不要本能地为自己挂上"失败者"的标签。

你怎样描述自己,你很可能就会变成那个样子。反复多次地自称为失败者,不仅意味着将成功无望,而且还会限制自己的潜能。

③事先拟定防止失败的计划。帮助自己拟定一个防止失败的计划,经常自问:"如果这事发生,最坏的后果将会怎样?"假想失败能促使你明确地考虑实际选择。你有足够的条件和能力确保你度过那段时光吗?如果遭到老板炒你的"鱿鱼",你有能力找到一份更好的工作吗?

记住:汉字的"危机"就是"危险"和"机会"两种意思的综合。扩大自己的支持系统也十分重要。失败后的解决办法就是依靠家庭和亲友,要善于从他们那里寻求帮助。

④学会理智地面对失败。一位名叫杰克·马特森的美国教授开设了一门课程,学生们戏谑为"失败101"。

马特森让他的学生设计无人购买的商品模型。于是,学生们设计钉仓鼠用的热水浴缸和在飓风中飞行的风筝。

这些设想都十分荒唐可笑,注定不会成功。但有几位学生将挫折视为革新而非失败，在心理上一点儿没有失败的顾虑，他们倒觉得可以自由自在地大胆设想制作。由于大多数学生要经过五次失败后才能找到适当的设想，因此他们认识到决不能将失败视为最后的定局。马特森说："他们学着重新装弹，做好再次射击的各种准备。"

学生们还发现了失败的两种方式，连续不断地试验多种设想被马特森称之为"迟钝、愚笨的失败"。试验的过程十分冗长，使人感到困乏，继而放弃。"明快理智的失败"指的是构思数种设想，然后迅速齐射。"失败是勘测筹划未知领域的自然形式，"马特森说，"所以，应把你每次试验的内容压缩得尽量小一些。"

⑤永不服输。

有一位青年企业家经营的建筑公司业务很不景气，处于濒临倒闭的状况。他当时才 25 岁，他不愿宣告破产，于是向家里借了一些钱处理了善后事宜。后来，他又继续投身建筑业，努力学习管理的诀窍，并贷了一笔款，重新经营起他的企业，为了使自己再遇到困难时能顺利渡过难关，他还和数家银行建立了良好的信用。

这个企业家谨慎地扩大自己新公司的业务，他甚至还参加了大学商业管理等课程的学习。1988 年，他终于获得成功。即使如此，他也从不自我满足，他时常用过去的窘境激励自己，他说："对于所取得的成绩，我不敢有丝毫的自我满足，我总是努力改进我的业务，使它百尺竿头，更上一层。"

正是由于怀有这种态度，并经过失败的磨砺，他才使自己在后来的岁月中保持了长足进展。不论在生活还是事业上，每个人都不可避免地会遇到各种困难和失败，关键是看你对待困难和失败的态度。是被困难所吓倒、进而逃避，还是勇敢面对、知难而上。两种态度的结果是不一样的，人生是辉煌还是失败就在于此。

2.成功贵在坚持不懈

坚持不懈,是取得成功的必备素质。如果你想与众不同,如果你想取得成功,那么你要拥有的最重要的素质就是你能够比任何人坚持得更久的能力。这正如有人挖井找水,很多人挖了深浅不一的井,没有找到水就放弃了,只有一人坚持往下挖,挖的比别人都深,最后出水了。只要坚持才能见到效果,只有坚持才能走向成功。

一般而言,坚持不懈是人们拥有调试自制的素质的表现。想想看,当你面对那些不可避免的挫折、失望和生活中暂时的失败时,你会怎么做?人们往往都会有一种惰性,一遇困难就退缩,遇到挫折就放弃,这不是一个成功者应该具备的素质。只有在你遇到这些问题仍然坚持不懈时,你的行为才能向你自己和你周围的人证明你具备了自律和自控的素质,你才能得到外界的帮助,而这些素质又恰恰是你取得成功所不可缺少的。

一个成功者是从来不对困难和挫折屈服的,英国首相丘吉尔在面对德国法西斯的疯狂进攻时,就曾对他的国民说过:"不要屈服,永远不要屈服!"这不但是一句振奋英国全民的豪言壮语,也是他最重要的人生总结。

丘吉尔坚信,以斗牛犬式的坚韧面对似乎不可战胜的失败往往是反败为胜的关键,而他也总是以自己的行动一次又一次地证明了这一点。譬如,在英国全境遭遇德国法西斯的狂轰滥炸之后,丘吉尔和他领导下的英国人民仍然坚持战斗,没有退缩,最终反败为胜,打进欧洲大陆。正由于丘吉尔在面对看似必败的情形时总是毫无怨言地承受并保持坚韧的态度,所以他被人们称为20世纪最伟大的政治家之一。

目标和计划有大有小,也有难有易,但对于任何计划和目标,如果没有不可动摇的决心和坚忍的毅力,都是不能实现的,这就如你想吃一个苹果,你却不愿意动一动手指自己削上一个,你又如何能够吃上呢?

反过来,如果你能以不可动摇的决心和坚持支持你所有的目标和计划,你就将惊奇地发现,世界上没有任何东西和力量可以阻挡你的步伐,你的力量将不可抗拒,而你所有的宏伟目标也必将成为现实,你的美梦可以成真。

杨浩涌从小骨子里就有不安分的因子。在天津大学读本科的时候,他就和几个同学一道承包了学校的电影院。在中科大读硕士的时候,他还做过图书代理。在很多人月工资是千元时,杨浩涌就已经月收入过万了。

1997年,杨浩涌到霍普金斯攻读机械学博士学位。两年后,在职业上天生敏感的他发现教室里、讲座中,言必称互联网,他意识到,这将是一片充满希望的开阔之地。于是他果断地做出了决定,转学到耶鲁大学艺术与科学研究院,开始从事计算机科学的研究项目。

从耶鲁毕业后,杨浩涌先后任职于数家位于美国硅谷的高科技公司,2004年,他成为全球最大的网络安全设备公司juniper networks的核心开发组系统专家。工作轻松,薪水不菲,继续待下去,生活将舒适而安逸。

就在这时,硅谷有很多人都在创业,杨浩涌也跃跃欲试,他想把全美最大最赚钱的分类信息网站craigslist复制到中国来,用户能在上面发帖买卖二手货、交友、租房子、找工作……他找人借了10万美元,提出辞职回国发展。父母极力反对:"如果事情没有做成却把钱赔光了怎么办?10万美金你得还上好几年呢!"但看他愿望很迫切,父母建议他先等6个月观察看看,如果真的很想做再回来。

可杨浩涌打定了主意,在辞职后的6个月里,他拿出早已成型的商业计划书,在美国寻找愿意投资的风投,先后接触了几家,他们对杨浩涌的东西都表示出兴趣,但往往一谈到实际层面,就没音信了。

2004年9月,他在接洽一家风险投资公司时,发现合伙人旁边坐着一个中国投资人。最后因为条件没谈拢,双方没达成合作。但他约出那

个中国投资人,直率地邀请他一起合作。可对方却开出了苛刻的合作条件,杨浩涌无法接受。

可在此时,杨浩涌开始紧张了,他的点子随时可能被对方拿走,他决定不再耽搁时间,立即回国将项目办下来。于是,在清华科技园租了一间70平米的房子,注册、招聘,开始了创业之旅。

2005年3月,赶集网正式上线。但此时全国大大小小的分类信息网站已有两百多家,到6月更飙升至近2000家。竞争压力巨大,杨浩涌必须考虑如何超过一大批同类型对手。由于在国外5年,对国内互联网完全陌生,加上资源有限,网站访问量的增长极其缓慢。

面对这种境地,杨浩涌做了一个最底线的预算:10万美元大概可以坚持16个月,到时还吸引不来投资,就结束游戏。

决心放手一搏后,他开始仔细研究市场,并开始大刀阔斧地进行改革。

2008年6月,杨浩涌拿到一笔投资,但由于金融危机,这笔投资被撤资。杨浩涌夜不能寐,开始自己不拿薪水,拼命往里面垫钱,倒贴了整整8个月,终于,在苦心坚持下,赶集网走出了困境,实现了真正的盈利。

2009年5月,赶集网推出了手机版并抢先进军移动互联网,使得客户端在两个月内突破百万,到了2010年底,赶集网遍及全国342个城市,日均访问量成为“未来全球分类信息的新科状元”。

2011年,赶集网耳目一新的“姚晨骑毛驴”广告吸引了大家的注意,不料却遭遇了搭顺风车的“赶驴网”事件,杨浩涌及时调整营销策略。当大家都以为杨浩涌会用法律手段对“赶驴网”寻求索赔时,杨浩涌淡淡地说了一句:“这事太小了,我们还是专注地做自己的事情。毕竟最后吸引用户的还是扎实的服务。”

或许正是杨浩涌的这种大将之风,风波渐渐平息,他也把竞争对手远远地甩在了后面。几年来,公司从创业时的不到10人,到现在已经发展为几百人,杨浩涌希望自己和员工始终都能保持一股创业的热情,他说,每个人骨子里都有勇往直前的精神。

世界上没有一帆风顺的事，任何事业的成功，离开了艰难困苦和挫折、失败的孕育，都是不可能的。只有那些不为失败所击倒，愈挫愈奋、屡败屡战的人才能最终获得成功。

一位西方作家说："人生就是要含辛茹苦。"中国古人则说："宝剑锋从磨砺出，梅花香自苦寒来。"要想成功，想出人头地，就要坚强，要承受苦难，决不能轻易就被打倒。

在开始行动之前，你就要下定决心，不管发生什么事，你都绝不能放弃，因为放弃是可耻的，放弃就是不想要自己期望的成功果实。你必须记住：只要你充满信心地向着你的梦想前进，并事先下定决心坚持到底，你就一定能够取得成功。

事实上，在这个世界上，除了你自己，谁还能阻挡你呢？ 每个人最大的敌人就是自己。所以，立即行动，朝着你的人生目标大步前进吧！

3. 困境中孕育的是机会

人们常说：失败是成功之母。这说明了在失败中孕育着成功的机遇。失败，是一剂良药，虽然苦口，却是前事不忘，后事之师。在面对失败的时候，或许有的人看到的是世界末日，而有的人却看到了成功的萌芽。

爱迪生说：失败也是我需要的，它和成功对我一样有价值。只有在我知道一切做不好的方法以后，我才知道做好一件工作的方法是什么。

毛泽东主席说过：我们的同志在遇到困难的时候要看到光明，要有战胜困难的勇气。

或许，大多数人会觉得失败是一件坏事，必须避免。而这样的结果是，我们因为不愿意去承担失败的风险，而错失了更好的机会。

在现实生活中，我们总是会看到这样的现象：因为害怕失败所带来的

责任而不敢去尝试新的东西;因为害怕让别人觉得自己愚蠢而不敢大胆地在会议上说出自己的新见解;因为害怕新产品被市场拒绝,而不敢大胆地提出创新;我们甚至在吃午餐的时候不敢尝试新的菜肴,仅仅是怕不合自己的胃口!这种来自内心的矛盾阻止了我们在有可能失败的地方去尝试任何新鲜的事物。

在通往成功的道路上总是充满艰难险阻,不付出辛勤的劳动,就得不到任何有价值的东西。在不可避免的失败之后,如果你能够把追求目标的激情与坚持不懈的耐心结合起来,你会发现失败中蕴藏着机遇。

IBM公司的创办人老托马斯·沃森出身贫寒,早年曾挨家串户推销缝纫机,屡遭磨难、挫折,但最终创下了大业。儿子小托马斯·沃森继承父业,抓住机遇,率先将企业投身于新兴的计算机行业,使IBM有了突飞猛进的发展,跻身于世界大企业之林。

1874年,老托马斯·沃森出生于美国纽约州北部一个普通农民家庭。17岁时,他便驾着马车替老板到农户家推销缝纫机、风琴和钢琴。他不辞辛苦地奔波在崎岖的乡间小路上,一家一家地上门兜售。开始,他对老板付给他每周12美元的工资还挺满意。后来,他偶然得知,推销员通常拿的是佣金,而不是工资,如果按佣金计算,他每周应得65美元。

次日,他就向老板提出了辞职,然后乘上火车,到大城市布法罗,希望能找到按佣金付酬的销售工作。当时正赶上经济萧条,城里的工作也不好找。两个月过去了,他又进了一家公司,当上了推销缝纫机的推销员。后来,他又推销股票。好不容易积攒下一笔钱,开了一家肉铺。可人心难测,他的合伙人在一个早上把他的全部资金席卷一空,逃之夭夭了。肉铺倒闭,沃森也破产了,他只好重返老本行搞推销,在国民收银机公司当一名推销员。由此,沃森踏出了他时来运转、迈向成功的关键一步。

国民收银机公司的总裁约翰·亨利·帕特森是一个卓越的企业家,也是现代销售术的鼻祖。沃森在他手下干了18年,他的经营之道和推销艺术对沃森产生了不可磨灭的影响。在收银机公司,沃森如鱼得水,大显身手,仅用三年时间,沃森就成了公司的明星推销员,其佣金破纪录地达到一星期 1225 美元。

1899 年,沃森被提升为分公司经理。到 1910 年,他已经成为公司中的第二号人物,地位仅次于帕特森。但是,在这之后,厄运又一次向他袭来。帕特森性格专横,总是解雇虽有功绩但可能会对他造成威胁的下属。1913 年夏天,帕特森听信谗言,认为沃森拉帮结伙、扶植亲信,便决定辞退他。沃森努力为自己申辩,但毫无结果,无奈于次年 4 月愤而辞职。他在走出公司办公大厦时,大声地对一位好友说:"这里的全部大楼都是我协助筹建的。现在我要去另外创一个企业,一定要比帕特森的还大!"

可是,该怎样重新创业呢?虽然帕特森给了他一笔 5 万美元的分手费,但沃森失去了工作,丢了饭碗,年龄也快 40 岁了。他带着新婚不久的妻子和一个嗷嗷待哺的儿子,去纽约寻找机会。

两个月后,沃森遇上了 IBM 前身的奠基者弗林特——号称"信托大王"的弗林特,他是当时华尔街最红火的金融家,他早就听说了沃森的才干,马上聘任他为计算制表记录公司的经理。弗林特属下的这家公司,主要生产磅秤、天平、制表机和时钟等,由于经营不善,濒临倒闭的边缘。

沃森上任伊始,就借贷 5 万美元,作为开发研究新产品的经费,使制表机得到极大改进,很快在市场上成了畅销货。沃森运用从帕特森那儿学到的一套方法,在 1915 年夏末发起了大规模的推销运动,使公司销售额从 1914 年的 420 万美元,增至 1917 年的 830 万美元,几乎翻了一番。

正如美国考皮尔公司前总裁比伦所说,失败也是一种机会。若是你在一年中不曾有过失败的记载,你就未曾勇于尝试各种应该把握的机会。人生是需要积极态度的,在失败的时候,积极地人总是不断地从失败中汲取养分不断成长,消极的人总是不断的怨天尤人让自己的生活过得更糟;不断失败的人,往往是他们用于不停地尝试,不停地努力;没有失败的人,往往是得过且过,做一天和尚撞一天钟。不断的尝试,不断地从失败中汲取养分,是成功的必经之路。

在我们的人生旅途中,机遇无处不在。但机遇又是稍纵即逝的,你不可能在做好所有的准备后再去把握。这就要求我们有一种试错精神。即使最后证明自己错了,也不会后悔。因为你把握了机遇,而且至少知道了你先前把握机遇的方式是行不通的。

当机遇来临的时候,如果我们犹豫,我们彷徨,只会让机会擦肩而过。不断地尝试,并且在失败中积累我们的才能,提高我们的素养和技能,弥补我们的不足,在下一次机遇来临的时候,我们会有更多的机会把握它了。人们常说的失败是成功之母,失败是一笔财富,含义也大致在此。

在爱迪生发明灯泡的时候他失败了很多次,当他用到一千多种材料做灯丝的时候,助手对他说:"你已经失败了一千多次了,成功已经变得渺茫,还是放弃吧!"但爱迪生却说:"到现在我的收获还不错,起码我发现有一千多种材料不能做灯丝。"最后,他经过六千多次的实验终于成功了。

我们可以试想,如果爱迪生在助手劝他停止实验的时候放弃了,我们现在会怎么样呢?可能我们还要点只有豆粒般大小的油灯在夜里照明。其实爱迪生的每次试验失败都可以看做是挫折。这么一算,爱迪生发明电灯也就是遇上了六千多次的挫折,这是一个多么惊人的数目啊!

如果我们遇到了挫折能像爱迪生那样不屈服,成功的大门将会在我们的面前打开。这又如拿破仑所说:"在我们最困难的时候,就是离成功不远了。"

安徒生,这是一个熟悉的名字。他的一生写下不少世人喜爱的童话故事。然而在他的第一部童话问世时,有人知道他生在贫苦家庭,就说他的作品"别字连篇,不懂语法,不懂修辞"。但是安徒生没有气馁,他从挫折中奋起,潜心写作,最后写出许多脍炙人口的童话。

意大利杰出的小提琴家帕格尼尼在监狱里自得其乐,用破旧的小提琴练琴和演奏;波兰伟大诗人密茨凯维支在牢房里构思诗作,在放逐途中创作著名的《十四行诗集》。

人遭到挫折之后，把自己的情感和精力转移到有益的活动中去，从而将不良情绪导往比较崇高的方向，使其得到升华，这是最为积极的办法。善于采取升华这种积极的方式，就能像贝多芬说的一样："通过苦难，走向欢乐。"

"失之东隅，收之桑榆"。在挫折面前，用理智来驾驭恶劣情绪，通过分析，如果发现原来的目标是无法实现的，可以放弃原有的目标，选择新的奋斗方向。比如，我国优秀田径运动员胡祖荣下肢瘫痪，不能在运动场上建立功绩，他便转向著书立说，编写了《身体训练 1400 例》和《撑竿跳高》两本书，同样为体育事业做出了贡献。

当我们看完了这几个事例，也许就会感觉到，其实失败和挫折也是可爱的，因为挫折的来临更像是机遇的来临。因为挫折给了我们锻炼的机会，因为挫折给了我们动力，又因为挫折给了我们机遇。

挫折，更像是一把打开成功大门的钥匙。所以，当我们处在"欲渡黄河冰塞川，将登太行雪满山"的时候，就要像爱迪生、安徒生他们那样，从挫折中奋起，继续向前走，正如张海迪说"命运要我一百次倒下，我也要一百零一次爬起来继续向前走"，这是新世纪的猛士。如果我们把握住挫折给我们带来的机遇，敢于正视而不回避，勇于承担责任，并以积极的心态通过对失败前所做的事的回顾与分析，在过程与细节中寻找问题所在，并设法找到失败后应该做什么来改变现状。

失败中蕴含着丰富的机遇，它将是我们新的起点。一个人在工作和生活中会遇到各种障碍、困难，遭遇很多失败、痛苦。在挫折面前，有的人会出现暴怒、恐慌、悲哀、沮丧、退缩等情绪，影响了学习和工作，损害了身心健康。而有的人却笑对挫折，对环境的变化做出灵敏的反应，善于把不利条件化为有利条件，摆脱失败，走向成功。

4. 沉着应战方能化险为夷

人生如置身于茫茫无边的海洋的一叶孤帆,汹涌波涛和怒号的狂风扮演着海面上这一幕幕惊险话剧的主角,带着无尽的恨意和一往无前的气势扫荡着大海上的一切,孤帆的反抗显得是那么无力而又苍白,甚至连躲避都成为一个奢侈的要求。人生的障碍和成功的绊脚石就如这充满着恨意的海风和波涛,在所难免,但越磨砺越光芒。不经历风雨安能见彩虹呢!

古之先贤在逆境中成就一番功业的数不胜数,正如司马迁所说:"盖文王拘而演《周易》;仲尼厄而作《春秋》;屈原放逐,乃赋《离骚》;左丘失明,厥有《国语》;孙子膑足,《兵法》修列;不韦迁蜀,世传《吕览》……"。所以,再怎么有才能的人,不经历人生羁旅重重障碍和困难洗礼很难成大器,也难有所作为。人生所遭遇的困难应该是积极的,我们可以认为是一次良机的预兆,只有克服它,战胜它,才能实现人生的自我价值和崇高的理想追求。

无论面临何种困境,绝不可抱着悲观的心理。否则,就不能发挥出自己的智慧,并且会失去准确的判断力,对所有的事情都会感到一筹莫展。此时必须摒弃悲观的念头,并且以冷静的态度面对,从容不迫,沉着应战。如此才不会迷失方向,才能以稳健的脚步向前迈进,开拓出一条属于你的康庄大道。

帕格尼尼是著名的小提琴演奏家,他的演奏举世无双、神奇美妙,所以被人称为"魔鬼的儿子"。帕格尼尼在种种困难前冷静应对,完成了一场场成功演唱会的惊人故事。

最令人佩服的是当帕格尼尼的 A 弦在一次演奏中断时,他不慌不忙用高超的技艺使音乐会转危为安,可观众依然不依不饶让他继续演奏,帕格尼尼干脆把 1 弦、3 弦全割断,用 4 弦来演奏,这"特殊"的演奏比效果更好,赢得的掌声比上一次更响。这需要多么高超的技艺和沉着的心态!

最令人惊心的是在帕格尼尼另一次演奏时,无意中,蜡烛把乐谱烧了,火虽在着,但他的心冷静依然,演奏仍十分熟练。他的熟练能坚持多久? 会不会忘记后面的歌谱导致演奏失败? 观众看到这里,心已提得很高。但他出人意外的冷静带来了出人意外的成功,随着热烈的掌声,观众终于放下了心。真不可思议,在最关键的时刻,帕格尼尼以他的沉着战胜了困难。

还有另一个故事:

当一艘触礁的船将要沉没时,人人惊慌失措,可身为领导的船长,依然淡定自若、沉着冷静,他靠着超乎常人的冷静把一个又一个乘客和船员送离了危险的船,虽然他未能逃脱危险,但如果没有他临危不乱的冷静,为此付出生命的将会有更多的人。

这两个故事都有共同的做事道理:在遇到突然到来的困难时,都应静下心来想办法。面对困难冷静很重要,只有在冷静中思考的办法,才能助我们一臂之力、改变困境、走向成功。

简言之,困难是成功的阶梯。要跨过这一无形而有实质意义的阶梯就必须具有过人的胆识,有一个明确的目标或理想,最重要的前提必须坚持,充满耐力,锲而不舍地去努力。

克服困难必须不畏困难。古人对战,讲究一鼓作气,再而衰,三而竭。即首先临战气势不可输,不能有畏惧心理,应当充满斗志,充满战意和强调的获胜的欲望。我们面对困难也应如此,不能消极地说"我不行"。那样,你将永远是个失败者,而且越败越消极,越消极越败,最后进入一个恶

性循环的怪圈,而自己则被困在这个自己亲手设计的怪圈里而茫然无措。那样,你就会成为一个彻彻底底的失败者。

克服困难应要有一个正确的人生目标或理想。一个没有理想的人就如没有指南针的航船,在一望无垠的大海里耐心摸索,你虽然不惧迷失航向,但却只是多浪费了人力脑力。人生目标就如无边海洋的灯塔,随时为你指明人生的航向。所以,确立一个人生目标或理想就显得非常迫切了。

克服困难必须要有坚持不懈的耐力和努力。坚持的魅力不仅展现陈列在博物馆中令人称奇的稀有艺术品上,也应该赋予人这一抽象艺术品上,作为自然的杰作,人总是得天独厚的,拥有凌驾于万物之上的特权。但往往伟大的人却不以此为满足,生命虽然短暂而宝贵,但他们却为人类的进步舍弃小我,成全大我。时光对科学而言是那么漫长,科学发展以来就在进步,如今仍在进步,正是一代又一代锲而不舍的科学界先辈以他们的毕生精力和智慧缓缓地推动着这科学巨轮的前进;时光对科学来说又是如此短暂,科学家们也许终其一生也难有所成就。设想若是没有这些伟人的努力,当今的世界抑或是什么样的呢? 奴隶社会还是封建社会?

困难不可怕,可怕的是人本身。知识的好坏也因人而异,善的人则体现为善,恶的人则体现为恶。因此物的性质的好坏随人而异,困难程度的高低在乎人的意识,惧则高,不惧则低。当困难来临,不要惊慌失措,让我们沉着应战,相信自己,以坚强的意志战胜自我、完善自我。

5. 方法总比困难多

想办法是有办法的前提。如果不动脑,再聪明有能力的人遇到困难也无可奈何。

人的智力提高是一个逐步的过程。只要你能够战胜对困难的畏惧,并下决心去努力，你就能找到越来越多解决困难的方法，并越来越不同凡响。

"真的是没办法！""一点办法也没有！"这样的话，你是否熟悉？是否你的身边，经常有这样的声音？当你向别人提出某种要求时，得到这样的回答，你的感受会如何？

一定是很失望。

你是否也会这样回答？当你这样回答时，你是否能够同样体验别人对你的失望？一句"没办法"，我们似乎为自己找到了不做的理由。但也正是一句"没办法"，浇灭了很多创造之花，阻碍了我们前进的步伐！是真的没办法还是我们根本没有好好动脑筋想办法？

四个营销员接受任务，到庙里找和尚推销梳子。

第一个营销员回来了，但一把梳子也没推销出去。他解释道：他到了庙里之后，一个劲地向庙里的和尚解释，梳子可以梳理头发，让仪态更加美观。但庙里的和尚说他们没有头发，不需要梳子，最终他一把梳子都没销掉，只好空手而归。

第二个营销员回来了，销了十多把。他介绍经验说，我告诉和尚，头皮要经常梳梳，可以止痒；头不痒也要梳，可以活络血脉，有益健康；念经念累了，梳梳头，头脑清醒。这样，庙里的和尚每人买了一把梳子。

第三个营销员回来了，销了一百多把。他说，我到庙里去，跟老和尚讲，您看这些香客多虔诚呀，在那里烧香磕头，磕了几个头，站起来头发就乱了，香灰也落在他们头上。您在每个庙堂的前面放一些梳子，他们磕完头烧完香可以梳梳头，会感到这个庙关心香客，下次还会再来。这一来就销掉一百多把。

第四个营销员回来了，说他销掉好几千把，而且还有订货。他说，我到庙里跟老和尚说，庙里经常接受人家的捐赠，得有回报给人家，买梳子送给他们是最便宜的礼品。您在梳子上写上庙的名字，再写上"积善梳"三个字，说可以保佑对方，这样就可以作为礼品储备在那里，谁来了就送，

保证庙里香火更旺。这一下就销掉好几千把。

思路广了,方法就多了,困难也变得容易多了。如果人们一味地停留在经验狭隘的认识之上,不懂得进行创造性思维,只知道梳子可以用来梳头,总想着"和尚要什么梳子呀",工作就没法做了。

杰出的员工总是富有开拓和创新精神,他绝不会在没有努力的情况下,就事先退缩。他会想尽一切办法完成公司交给的任务。条件再困难,他们也会创造条件;希望再渺茫,也能找出许多方法解决。优秀的人不管被派到哪里,都不会无功而返。索尼的卯木肇就是这样一位精英。

20世纪70代中期,日本的索尼彩电在日本已经很有名气了,但是在美国它不被顾客所接受,因而索尼在美国市场的销售相当惨淡。后来,卯木肇担任了索尼国际部部长。上任不久,他被派往芝加哥。当卯木肇风尘仆仆地来到芝加哥时,令他吃惊不已的是,索尼彩电竟然在当地的寄卖商店里蒙满了灰尘,无人问津。

如何才能改变这种既成的印象,改变销售的现状呢?卯木肇陷入了沉思⋯⋯

一天,他驾车去郊外散心,在归来的路上,他注意到一个牧童正赶着一头大公牛进牛栏,而公牛的脖子上系着一个铃铛,在夕阳的余晖下叮当叮当地响着,后面是一大群牛跟在这头公牛的屁股后面,温顺地鱼贯而入⋯⋯此情此景令卯木肇一下子茅塞顿开,他一路上吹着口哨,心情格外开朗。想想一群庞然大物居然被一个小孩儿管得服服帖帖的,为什么?还不是因为牧童牵着一头带头牛。索尼要是能在芝加哥找到这样一只"带头牛"商店来率先销售,岂不是很快就能打开局面?卯木肇为自己找到了打开美国市场的钥匙而兴奋不已。

马歇尔公司是芝加哥市最大的一家电器零售商,卯木肇最先想到了它。为了尽快见到马歇尔公司的总经理,卯木肇第二天很早就去求见,但他递进去的名片却被退了回来,原因是经理不在。第三天,他特意选了一个估计经理比较闲的时间去求见，但回答却是"外出了"。他第三次登门，经理终于被他的诚心所感动，接见了他，却拒绝卖索尼的产品。经理认为索尼的产品降价拍卖，形象太差。卯木肇非常恭敬地听着经理的意见，一再地表示要立即着手改变商品形象。

回去后，卯木肇立即从寄卖店取回货品，取消削价销售，在当地报纸上重新刊登大面积的广告，重塑索尼形象。

做完了这一切后，卯木肇再次叩响了马歇尔公司经理的门。可听到的却是索尼的售后服务太差，无法销售。卯木肇立即成立索尼特约维修部，全面负责产品的售后服务工作；重新刊登广告，并附上特约维修部的电话和地址，并注明 24 小时为顾客服务。

屡次遭到拒绝，卯木肇还是痴心不改。他规定每个员工每天拨五次电话，向马歇尔公司询购索尼彩电。马歇尔公司被接二连三的电话搞得晕头转向，以致员工误将索尼彩电列入"待交货名单"。这令经理大为恼火，这一次他主动召见了卯木肇，一见面就大骂卯木肇扰乱了公司的正常工作秩序。卯木肇笑逐颜开，等经理发完火之后，他才晓之以理、动之以情地对经理说："我几次来见您，一方面是为本公司的利益，但同时也是为了贵公司的利益。在日本国内最畅销的索尼彩电，一定会成为马歇尔公司的摇钱树。"在卯木肇的巧言善辩下，经理终于同意试销 2 台，不过，条件是：如果一周之内卖不出去，立马搬走。

为了开个好头，卯木肇亲自挑选了两名得力干将，把订货的重任交给了他们，并要求他们破釜沉舟，如果一周之内这 2 台彩电卖不出去，就不要再返回公司了……

两人果然不负众望，当天下午 4 点钟，两人就送来了好消息。马歇尔公司又追加了两台。至此，索尼彩电终于挤进了芝加哥的"带头牛"商店。随后，进入家电的销售旺季，短短一个月内，竟卖出 700 台。索尼和马歇尔从中获得了双赢。

有了马歇尔这只"带头牛"开路，芝加哥的 100 家商店都开始销售索尼彩电，不出 3 年，索尼彩电在芝加哥的市场占有率达到了 30%。

对于优秀者来说,没有什么困难是不可克服的,他们需要找的只是通往成功的方法。相反,失败的人之所以失败,是因为他们总是找出种种借口来原谅自己。平庸的人之所以沦为平庸,是因为他们总是搬出种种理由来欺骗自己。而成功的人,面对困难,他一定会"想尽一切办法",排除万难,直到成功。

6. 日积月累,终会成功

西方哲言说:罗马不是一天建起来的。中国俗话说:冰冻三尺,非一日之寒。异曲同工,说的都是一个道理:成功需要积累。

香港海洋动物园里有一条重达8600公斤的大鲸鱼,能够跃出水面6.6米,还能向游客们表演各种杂技。面对这条创造奇迹的鲸鱼,游客们纷纷向训练师请教训练秘诀。训练师说,最初开始训练时,他们先把绳子放在水面下,使鲸鱼不得不从绳子上方通过,每通过一次,鲸鱼就能得到奖励。渐渐地,训练师会把绳子提高,只不过每次提起的幅度都很小,大约只有两厘米,这样鲸鱼不需花费太大的力气就有可能跃过去,获得奖励。而时常受到奖励的鲸鱼,便很乐意接受下一次训练。随着时间的推移,鲸鱼跃过的高度逐渐上升,最终竟然达到了6.6米。

训练师训练鲸鱼成功的诀窍就是每次让它进步一点点。可是这微不足道的一点点积累起来,天长日久,就是不得了的进步。每次进步一点点,贵在每次,也难在每次。据说古代蒙古人训练大力士也是用的这个办法,他们让小孩子每天抱着刚出生不久的小牛犊上山吃草,小牛犊不过十多斤重,孩子们可以轻松胜任。这样,随着牛犊的一天天长大,孩子们的力气也越来越大,最后,当牛犊长成几百斤的大牛时,孩子们也练出了力能举鼎的神力。

　　每一个成功者之所以成功是因为他们懂得积累，懂得知识的丰富，能力的提高，人格的完善，实力的雄厚，都是一个原因，那就是积累。

　　许多人一事无成，往往不是因为没有能力，而是缺乏耐心，看不上每次进步的一点点，急于求成，老想一口吃个胖子，结果放弃了每次的一点点进步，也就放弃了希望，放弃了成功。古印度一个著名棋手和皇帝下棋，皇帝问他要什么赏赐，他说，只要在棋盘上第一个格子里放一粒米，然后第二个格子里放两粒米，第三个格子放四粒米，依此类推，放满 64 个格子就行了。皇帝很高兴，不假思索就一口答应。可后来兑现赏赐时，皇帝傻眼了，把全印度一年收获的全部粮食加起来也不够用。谁能想到，棋盘上这一格到下一格的微不足道的积累，到后来竟然成了天文数字。

　　曾经有一个老战士，在部队一个科研单位工作。他原来基础并不好，学历不太"硬"，曾不被人看好。可是他自己却"不放弃，不抛弃"，一步一个脚印，慢慢地积累知识，积累经验，积累成绩。他不放弃一切学习机会，向一切内行的人虚心请教；参加科研项目从小到大，从刚开始当助手，到后来自己牵头领着助手干；发表学术论文从一开始的一般刊物到后来的核心刊物到国外著名刊物；他自己也从默默无闻的工程师成了本专业的权威，博士生导师，军队有突出贡献的专家。2007 年，他终于被评选为中国科学院院士，进入了中国科学家的最高殿堂。他的成功经历，再次雄辩地说明了积累对于成功的重要性。

　　天道酬勤，水滴石穿。无数事实证明，成功需要积累，需要积累经验，需要积累能力，需要积累成绩，而这一切都离不开恒心和坚持，任何微小的量变，只要能坚持不懈地朝着一个方向努力，最终必将导致质的飞跃。

　　他生在英国长在美国，父母都是教师，整个童年和少年时期他都在家长的严格管教中度过。高中毕业后，他成绩优异，顺利进入美国著名的普林斯顿大学学习。思想保守的父母，对他期待甚高，一直希望他日后可以

做一名受人尊敬的律师或政府官员。然而,谁也没有想到,大学时期,对表演突然产生浓厚兴趣的他,却从此树立了一生的志向——当一名伟大的演员。

1995年,大学毕业那年,他所在班级的同班同学1/3去了医学院。还有1/3去了法学院或华尔街等精英会聚的地方。当同学们询问他的去向时,他却神秘地告诉他们:他要到好莱坞做一名演员。他的回答把在保守的环境中成长起来的朋友们吓坏了,大家都以为他疯了。后来,当他把这个不切实际的想法告诉父母时,父亲和母亲都对他这个冒失的决定,表示极力的反对——一个堂堂普林斯顿大学毕业的高才生,怎么可以到好莱坞跑龙套呢?

不管别人怎么反对,他最终还是坚守自己的梦想,从纽约来到了洛杉矶,投进好莱坞的怀抱中,开始了自己的梦想之旅。

在好莱坞,他租了一间仅够一个人住的小房子。最初为了生存,他不得不到电影公司做幕后工作。第一年,他整天都忙着复印、整理材料和调整灯光,穿梭于各个办公室之间,甚至有时还会帮老板喂鱼、上街买餐,或者给来工作的演员遛狗。那段时间,他穷困潦倒,生活在饥寒交迫之中,最困难的时候连廉价的房租都交不起,要靠父母接济度日。每个周末,他都不得不待在办公室里——他租住的那间小屋子连一台空调都没有。他在会议室里搭起了帐篷,靠"洗劫"公司的食品柜填饱肚子。

这样的日子,让他极为厌烦和失望。有一天,他突然意识到自己不能再这样混下去了,就惊慌失措地跑进老板的办公室。大声对老板说:你知道吗?我想做一个演员!

老板吃惊地看着他,有些不解,以为他嫌工作的待遇低,就赶忙对他说,我刚接受一个广播公司动画片导演的工作,我希望你做我的助手,年薪4万。

老板的话让他极为失望,那天,他决然离去了。

此后,他开始真正为最初的梦想奋斗,开始寻找各种机会"兜售"自己,参加各种各样的演员面试。为了实现自己的演员梦,他一边做义工,

78

穿梭于好莱坞几乎所有的工作间，继续做幕后工作，一边参加表演班刻苦学习表演。

这期间，他虽然屡屡被拒。但也得到了在《吸血鬼猎人巴菲》、《急诊室》、《恐龙帝国》等剧集中客串表演的机会。再后来，他出演了电影《人性的污点》，担纲一个重要角色，和影帝联袂表演，并在剧中有不俗的表现，但他的艺术之路仍然没有多大起色。

2004 年之前的两年间，他几乎找不到任何工作，生活和事业都跌到了低谷。这时，他感到自己的艺术之路前途黯淡，心中不免浮起无奈的绝望。在苦苦的找寻后，在长久的等待后，他终于接到了一个不起眼的活儿，一个低成本小电影的导演找到了他，想让他加入剧组。可令他失望的是，他在剧中饰演的是一个仅仅只有 10 分钟出镜时间的逃犯，他没有拒绝，认真地投入其中。

一个月后，他又接到了一个剧组的邀请，让他去试镜，他马不停蹄地赶过去。试镜那天，因为他在好莱坞各个工作间混迹多年，在场的 30 多个总监几乎都对他略有印象。那天的表演，他从容自然，试镜出奇的顺利，很快他就拿下了这个角色。大家都认为他就是剧中主角的不二人选。

这是一部反映正义与邪恶斗争的电视连续剧，在剧中他饰演一个机智勇敢的建筑工程师，为营救自己被误判死刑的哥哥，在黑人与白人两派之间游走，有条不紊地实施着越狱计划。

整个电视剧剧情悬念迭出，扣人心弦。电视剧在 FOX 播放后，一时观者如山，好评如潮。机智、冷静、重情重义的他，凭借在剧中出神入化的表演，赢得了亿万观众的心，从而一夜成名。此后，美国各大媒体的封面纷纷登出他的照片。他还被主流媒体评为"最性感的男明星"，以及"银屏上最热的新面孔"。他成为 FOX 官方网站 1998 年建站以来观众评分最高的一个演员。

这部电视剧，就是在北美红极一时又在世界各国热播的美国电视连续剧《越狱》。而他，就是饰演男主角迈克尔·斯科菲尔德的演员——温特沃斯·米勒。

温特沃斯·米勒终于迎来了自己表演生涯的一个转机。2005 年 12 月 13 日,第 63 届金球奖提名名单揭晓,《越狱》获得了最佳剧情类电视剧奖提名,而温特沃斯也因在剧中出色的表现获得提名,和《迷失》、《24 小时》等热门剧集的男主角一起角逐剧情类最佳男主角。

回顾温特沃斯·米勒的过去 10 年,他做过两个重要的人生决定:一是从普林斯顿大学毕业以后,没有选择进入华尔街的精英世界,而是转身投入了好莱坞的梦想之中;二是在好莱坞混迹 10 年未果的情况下,没有选择放弃,而是一直在坚持,虽然坚持得异常艰难。

为了梦想,10 年间他换了 12 份工作,经历了 488 次的面试,34 岁时才终于换来了一个金球奖提名。而这仅仅只是一个开始。

后来,当别人夸奖他具有超人的表演天赋时,温特沃斯和别人这样谈及自己的成功:小时候每天出门去读书前,父亲都会对我说一个词——"积累"。每一次考试、每一次测验、每一次和老师的对话,这些都会对最后的成绩产生影响,决定你能够考上什么大学?你能过怎样的人生?所有小事加在一起就是一件大事。这就是你的人生。

老子说:"合抱之木,生于毫末;九层之台,起于垒土;千里之行,始于足下。"成功需要日积月累,这是一条最简单的真理,积累知识,使我们博闻强记;积累钱财,使我们克勤克俭;积累友谊,使我们广交好友。积累经验,让我们不断进步。一个人若能每次进步一点点,持之以恒,天天向上,就一定能积小胜为大胜,变平庸为神奇,掌握成功钥匙,实现人生价值,创造辉煌业绩。

"不积跬步,无以至千里;不积小流,无以成江海。"积累构筑了通向成功彼岸的桥梁,积累,让人生之花绽放!

第四章　莫让时间的金河在你的指尖悄然溜过

"一寸光阴一寸金，寸金难买寸光阴"，世界上最宝贵的东西是时间。时间一直在往前跑动，一刻也不停留，它不会因为你慢吞吞而停下来等你。所以，如果你懂得珍惜时间，就可利用点点滴滴的时间做很多的事情。那么，无论在工作上或学业上，你都能获得成功；相反，如果你随意浪费时间，每天都以为还有明天，到头来只会两手空空。请记住：时间就是金钱，时间就是财富，时间就是生命，但是时间从不等人！你一旦失去之后后悔莫及！

1.重视时间的价值

　　世界上最快而又最慢,最长而又最短,最平凡而又最珍贵,最易被忽视而又最令人后悔的是什么呢? 对,就是时间。如果说,空间不那么公正,那么,时间却是相当公正的。上天赐给我们每个人的最丰盛的礼物就是时间,因为无论多么富裕的人都无法用金钱买到更多的时间。一寸光阴一寸金,寸金难买寸光阴。再怎么贫穷的人,一天也有 24 小时的时间供他使用。

　　时间是我们所拥有的最宝贵的东西。我们能够挽留朋友,却不能够挽留时间,正所谓"时间一去不复返"。时间就像滚滚东流的江水一样一去不回头,所以我们没有理由不珍惜时间。

　　在富兰克林报社前面的商店里,一位犹豫了将近一个小时的男子终于向店员开口问道:"这本书多少钱?"

　　"1 美元。"店员回答。

　　"1 美元!"这人又问,"你能不能少要点?"

　　"它的价格就是 1 美元。"没有别的回答。

　　这位男子又看了一会儿,然后问:"富兰克林先生在吗?"

　　"在,"店员回答,"他在印刷室忙着呢。"

　　"那好,我要见见他。"这个人坚持一定要见富兰克林。

　　于是店员将富兰克林请了出来。

　　这个人问道:"富兰克林先生,这本书你能出的最低价格是多少?"

　　"1 美元 25 美分。"富兰克林不假思索地回答。

　　"1 美元 25 美分? 你的店员刚才还说 1 美元呢。"

　　"这没错，"富兰克林说，"但是，我情愿倒给你1美元也不愿意离开我的工作。"

　　这位男子惊异了。他心想：算了，结束这场由自己引起的争论吧。他说："好，这样，你说这本书最少要多少钱吧？"

　　"1美元50美分。"

　　"怎么又变成1美元50美分？你刚才还说是1美元25美分啊！"

　　"对。"富兰克林平静地说，"我现在能出的最低价钱就是1美元50美分。"

　　这位男子默默地把钱放到柜台上，拿起书出去了。著名的发明家和外交家给店员上了终生难忘的一课：时间就是金钱。

　　时间是一切财富中最宝贵的财富，没有一种宝物可与时间相比。甚至可以说我们唯一的财富，就是我们拥有的时光。生命是一个渐渐消失的量化指标，每一次报晓的雄鸡长鸣，我们的财富就又减少了一点。许多人不成功，是因为他本身就是一个"浪费时间的因素"。或许时间对那人来说没有意义，所以就肆意挥霍。没有意义的人生，一秒都觉得很长。

　　所以，如果我们想要获得成功，就不要浪费时间，要积极主动地去做每一件事情。而珍惜时间的最好办法就是，在决定如何使用时间之前，先清楚自己的人生目标。只有这样，我们才会知道自己曾经做过什么，这一刻正在做什么，下一刻将要做什么，我们也将会知道如何来对待别人的时间。

　　时间是由分秒积成的，善于利用时间的人，才会作出更大的成绩来，而不会利用时间的人，只会抱怨时间不够。有人说过，时间可以获得金钱，金钱却买不到时间。也有人说过，时间不能增加一个人的寿命，然而珍惜光阴可使生命变得更有价值。

　　一个成功人士，通常是日理万机，要处理的问题极多。如果是从商人士，可能需要顾及内部管理，包括财务管理、人力资源管理、生产管理和市场管理等，也要为企业订立计划、组织架构、负责领导工作和控制的功能。

管理人对外还要和其他人士及机构包括政府机构等联系,代表企业向外发布有关企业的情况,也和其他相关人士进行商业谈判。生意人,尤其是成功的企业家,一般都是极忙碌的。所以,越是成功的人就越是重视对时间的利用。

谈到对时间的重视,巴菲特就是其中的佼佼者。"寸金难买寸光阴"这句话,套用在他身上最是贴切。

巴菲特虽然不从事商业活动,只是一个非常出色的投资者,但他投入工作之时,却了解到时间的宝贵,因此一分一秒都很珍惜。

对工作的投入,巴菲特可以说和其他的成功人物并无两样,甚至比很多生意人的工作时间还长得多。他知道时间就是金钱,时间是个人事业成败的关键因素,因此他珍惜时间。他的时间,除了生活上必需之外,其他大部分都投入于工作中。他有时每天工作18个小时,埋首分析各家企业。

巴菲特珍惜时间,也因此使他真的得到较多时间用于个人事业上面,使他有更多的时间去处理数以百亿美元的投资组合。

巴菲特对时间的观念,就是不值得花时间的活动,绝不会花时间。譬如应酬,他认为应酬和投资股票并无直接关系,所以有一次,美国前总统克林顿请他吃饭,他也一样推辞。又譬如在他家,门前有一片草地,但巴菲特的女儿却说,她的爸爸从来不懂得怎么运用铲草机去整理门前的草坪。在选择衣服时,巴菲特极少到外面购买衣服,因为他认为这不值得花时间。在吃的方面,巴菲特也是以最简单的方法去解决肚子问题,绝少花长时间去吃过于丰富的盛宴,因为对他来说,时间就是金钱,一分一秒都不可以随便浪费。

对巴菲特来说,除非是和自己的事业有关及在工作之中需要有休息时间之外,他是极少离开他的办公地点的。他工作的地方,多年都只是在家中,分析各企业的股票动向和决定投资的策略。这样经过了很多年,他才将办公室搬到与自己家距离极近的写字楼,自己可以在那里不受家事的干扰而工作。

在商场上，每一分每一秒都是金钱。在投资市场上又何尝不是？对一个以数百亿美元计算的投资组合来说，一分钟省下来的时间，就可能是以百万美元计的损失或收益。一寸光阴，对巴菲特而言，可能是万两黄金，在巴菲特看来，一定不可因自己浪费时间而出现损失。相反，善用时间，如果用于事业上能够增加收益的话，岂不是更好？

经验表明，成功与失败的界线在于怎样分配时间，怎样安排时间。人们往往认为，这儿几分钟，那儿几小时没什么用，其实它们的作用很大。做大事的人，要处理的事情真是数之不尽，如果不懂得珍惜时间，要完成工作，要达成自己所订立的目标，只会增加困难。可以说，越是成功的人士，越会珍惜时间，巴菲特就是一个很好的榜样，这一点值得我们学习。在现实生活中，除非你不打算在事业上有所作为，除非你认为你自己的一生都只是打算随波逐流，得过且过，没有什么大志，甚至连小志也没有。不然的话，还是要学习珍惜时间，善于运用时间，作出最完善的时间管理，因为，这是走向成功的第一步。

本杰明·富兰克林说："你热爱生命吗？那么别浪费时间，因为时间是组成生命的材料。"

记住，时间就是金钱。假如说，一个每天能挣10个先令的人，玩了半天，或躺在沙发上消磨了半天，他以为他在娱乐上仅仅花了6个便士而已。不对！他还失掉了他本可以挣得的5个先令……记住，金钱就其本性来说，绝不是不能"生殖"的。钱能"生"钱，而且它的子孙还会有更多的子孙……谁杀死一头生仔的猪，那就是消灭了它的一切后裔，以至它的子孙万代，如果谁毁掉了5先令的钱，那就是毁掉了它所能产生的一切，也就是说，毁掉了一座英镑之山。

本杰明·富兰克林的这段名言通俗而又直接地阐释了这样一个道理：如果想成功，必须重视时间的价值。

2. 善于利用时间让你事半功倍

法国著名作家巴尔扎克说："时间是人的财富——全部的财富，正如时间是国家的财富一样，因为任何财富都是时间与行动的化合之后的成果……"

美国著名科学家富兰克林说："勤勉，不浪费时间，每时每刻做一些有用的事，戒掉一切不必要的行动。"

时间是最公允的，最无私的，人人都可以利用它，而且它会对任何人都一视同仁、机会均等。至于每个人从时间中所获得的财富的多少，那就取决于你对时间利用的效果如何了。时间是最宝贵的资源，世界上没有任何东西可以替代它。时间一去不复返，既不能用金钱买到，也无法贮藏，它给每个人的利用机会只有一次。机不可失，时不再来。

把握时间、珍惜时间，就是要把时间当做完成工作、享受悠闲、充实人生的重要资源。即使是那些成天叫嚷时间不够的人，也会发现每天总有几分钟的空闲光阴迎面而来。虽然每天没有太多忙里偷闲的时间，但经过日积月累，收获可就多了。

所以说，从无到有的观念转变是创造时间的积极条件。而且在一天中还要有一定的空闲时间，因为人毕竟不是机器，况且机器也需要调节加油。适当的调节对缓解人的身心压力是非常重要，期间可以进行冥思苦想，要有忙碌的工作时间和轻松的休闲时间，两方面的比例要分配得合理，把握要妥当。

每个人都要把有限的时间作最大限度的利用，而且还要合理地加以利用，既要学会挤时间，更要学会劳逸结合，这样才能真正做到有效的管理和利用时间。

　　每人每天拥有的时间都是相等的,但是不同的人在相同时间内所做的工作却是相差悬殊。不会利用时间的人总是事倍功半,会利用时间的人则可事半功倍。

　　有效的利用时间,我们必须做到以下几点:

　　(1)有计划地管理时间。对时间的使用不能干了再算,而要算了再干。把任务按小时、按天、按周的先后时序调整好,然后按计划逐个完成。在自己可控制的时间内要把工作安排得紧张而有节奏,并尽力把不可控时间转化至可控时间。善于在不可控时间内处理事务,使用时间最不应该的就是把时间切为零星的碎片,而应尽量把时间集中起来使用。集中时间的多少要依任务的需要而定,集中得过多,也会造成浪费。一般情况来看,时间集中较多的人,通常是时间利用率最高的人。

　　(2)计成本地使用时间。凡是得不偿失或者劳而无功的事尽量不要去做。计算时间不要用小时做单位,而要用分钟。时间单位越小越有助于督促自己珍惜时间,抓紧时间,从而充分有效地利用时间。

　　(3)懂得区分重要工作和一般工作。每个人的精力都有限,因此完成工作要分轻重缓急。工作一般情况下分为三类:急件,必须马上办;优先件,尽量去办;普通件,有空去办。应把主要的时间放在重要的事情上,抓住了关键性的任务,才会有效地提高时间的利用率。

　　(4)运用最佳状态去办最重要和最难办的事情。一天中,一个人在不同的时间里,精力状态也会有所不同。生物学家通过研究显示,人和其他生物的生理活动都有明显的时间规律。人的智力,体力和情感都显现出一种周期性的变化,也就是人体内"生物钟"的作用。你应该找出自己在一天中什么时候工作效率最高,要充分利用自己效率最佳的工作时间来处理最重要和最难办的事情,而把精力稍差的时间用来处理一些普通的事物。

　　(5)把常规的工作标准化。这一点对管理者来讲比较适合。经常性办理的工作,应在规章制度里明确规定,照章办事。同样的问题出现后,把具体情况和处理办法写下来作为日后处理同样问题的范例。这些范例

经过慢慢地修改进而形成标准化,这可使得管理者摆脱琐事的纠缠。管理者要保持优化的工作秩序,办事要有计划,使自己的工作有条不紊,逐步规范化,以免顾此失彼。

(6)立足今天,不唱明日歌。只有当天完成当天的任务,而不拖延到明天,这样的时间利用率才能提升上去,有一个日本的效率专家说:"昨天已是无用的支票,而明天者是预约的支票。只有今天才是货币,只有此时此刻才具有流动性。"立足今天,珍惜今天,凡是今天能完成的事,决不能推到明天去做。

(7)提高单位时间的利用率。无论做什么事,都要高度集中注意力,以便缩短时间。做事有成效的人并不感到肩上的担子压得自己喘不过气来,相信自己的时间是充分的,并且认为还可以挤出更多的时间来。

(8)利用零碎时间。所谓的零碎时间是指不构成连续时段,在两件事之间的空余时间。有效地利用零碎时间,可以增加工作密度,加快工作节奏,节省更多时间。

(9)时间的有效利用。节约时间的工具如台历、工具书、通信簿、计算器、电话、个人备忘录、电子邮件、传真、数码相机、录像机等、工具齐全,适用,用起来方便、顺手,对提高时间的利用率很有帮助。

此外,关于节约时间,美国托马斯·克里尔告诉了我们20个小窍门:

1. 对于过去的失败或未做的事情不要有内疚感。

2. 提醒自己为重要的事情留出时间。

3. 尽量早睡早起。

4. 不要长时间地看电视或无目的的阅读报刊。

5. 有效地利用等待的时间。

6. 将表拨快3分钟。

7. 随身携带空白卡片,随时记录自己的想法。

8. 设定自己每天的生活目标,定期回顾。

9. 按事情的重要性排序,首先做重要的事情。

10. 更加巧妙地工作,而不仅仅是努力。

11. 与你试图避免的事情正面交锋。

12. 尽可能裁掉无结果的任务。

13. 一次完成一件事情,一次控制一项计划。

14. 在早晨干有创造性的工作。

15. 为自己和他人设立最终期限。

16. 在所有讨论中积极地倾听。

17. 尽可能多地授权给他人。

18. 定期清理废物,保持桌面整洁。

19. 将所有的小事保留起来一次解决。

20. 在采取行动完成下一个目标前设计行动步骤。

时间的浪费是一切浪费中最可怕、最奢侈、最昂贵的浪费,所以抓住现实中的一分一秒,胜过想象中的一年一月。对任何一个人而言,时间都是那么多,24小时不会因为你而多一分,也不会因为他而少一分,学会合理支配时间,做时间的主人,就会使同样的时间发挥出卓越的意义。

3. 今天才是最珍贵的时间

公元 79 年 8 月的一天,古罗马帝国最繁荣的城市之一庞贝城因维苏威火山爆发而在 18 小时之后消失。2000 年后,人们在重新发掘这座古城的时候,在一只银制饮杯上发现刻着这样一句话:"尽情享受生活吧,明天是捉摸不定的。"

一个人活着,昨天已经成为历史,成为过去,只有通过回忆来感悟;明天尚是未来,只能通过憧憬来表达希望;而今天则是我们实实在在正在接受阳光沐浴和星辰照耀的时刻,是最容易被我们把握的时刻,是我们真真切切拥有的时刻,是决定我们事业成败关键的时刻,是我们创造幸福生活

的时刻,是我们不断耕耘、不断收获的时刻,是人生最有意义的时刻。因此,一个人,只有活在今天,才是找到了实实在在的真我,才能体验人生的意义,实现人生的价值。

假使把今天的时间虚度过去,那么就永远失去了这个日子。你应该记住,它就是昨天我们想做各种事情的"明天"。

有句话说得好:昨天是一张已注销的支票,明天是一张期票,今天是手上的现金。因此要认清今天是我们唯一能利用的时间,去善加利用吧。

过去的已经过去,不要再去管它;将来则还没有来到,也不要去管它;重要的是现在,正在一分一秒地走过。只要你把握住了现在,那么所有的时间都将被充分地利用,一点一滴也没有浪费掉。

由无数个充实的"现在"组成的历史,是你通往成功的必由之路。

拿破仑·希尔对年轻朋友发表演讲时,总要对这些明天的领袖说:"所谓'美好的古老时光'就是今天,因为这才是我们生活的日子,也是我们在历史上唯一生存的一段时间。这是属于我们的时代。我不曾向你们描绘美好的一面,也不曾向你们诉说悲惨的一面。我不会向你们灌输过度的乐观思想,只是要告诉你们,生活中的变化是无法避免的。"那么如何抓住今天呢?我们要心存这样的信念:

就在今天,我要开始工作。

就在今天,我要拟订目标和计划。

就在今天,我要考虑只活今天。

就在今天,我要锻炼好身体。

就在今天,我要健全心理。

就在今天,我要让心休息。

就在今天,我要克服恐惧忧虑。

就在今天,我要让人喜欢。

就在今天,我要让她幸福。

就在今天,我要走向成功卓越。

生活在今天,能让昨天变成快乐的梦,明天变成有希望的幻影。让我们把过去和未来隔断,生活在完全独立的今天吧!

威廉·奥兹勒爵士是他那个时代最著名的医学家,他创建了全球知名的霍普金斯医学院,被牛津大学医学院聘为客座教授,他获得了英国医学界所能得到的最高荣誉——被英王封为爵士。他死后,他的经历被写成了厚厚的两本书。对于这样一位成功人士,似乎应该拥有"特殊的头脑",其实不然,他在读书的时候,也像所有的人一样,整天发愁:怎样才能通过期末考试?毕业后该做些什么事情?怎样才能谋生……然而,幸运的是他在一本书上读到了一句话,这句话让他无忧无虑地度过了一生,那就是:每天最重要的事情不是去想模糊的明天,而是去做手边清楚的事情。

一个人如果不能很好地把握现在,就不可能创造光辉灿烂的未来,所以,对任何人来说,现在才是最重要的,没有了现在就没有过去和未来。把握现在就等于把握了未来。

所有值得怀念的或是不值得怀念的日子,就这么像流水一样一天天地过去。尽管不似平平淡淡一杯白开水,却也未曾有过轰轰烈烈。然而,总有一些不被料到的安排一次次地改变了我们,朋友的不信任,生活的不理想,父母的迁怒,工作没成果,都在一点一点地浪费掉,好多的"现在"从我们指尖悄悄滑落,成为无可奈何的"过去"。我们之所以还这么平凡甚至平庸,我们之所以还这么郁闷甚至困苦,是因为我们没有很好地把握"现在"。

先哲无意间在古罗马城的废墟发现了一尊"双面神"神像。于是问:"请问尊神,你为什么一个头、两副面孔呢?"

双面神回答:"因为这样才能一面察看过去,以记取教训;一面瞻望未来,给人以憧憬。"

"可是,你为何不注视最有意义的现在?"先哲问。

"现在?"双面神很茫然。

先哲说:"过去是现在的逝去,未来是现在的延续,你既然无视现在,即使对过去了若指掌,对未来洞察先机,又有什么意义呢?"

双面神听了,突然号啕大哭起来。原来他就是没有把握住"现在",罗马城才被敌人攻陷,他因此被视为敝屣,遭人丢弃在废墟中。

"现在"是最重要的,"现在"是存在的本质。我们只能拥有转瞬即逝的现在。不要总是回忆过去或把希望寄托在未来,而不重视现在最应该做什么。一切都从现在做起,把握住现在才是人生成功的关键。

4. 把时间变成真正的财富

曾经有人打过这样的比喻:假如有一家银行,每天在你的账号里存入86400 元钱,限你必须当天把这笔钱用完,没用完的第二天就自动取消。你会怎么办?

事实上真有这样的银行,它的名字就是时间,它每天给 84600 秒钟。每天夜里它会把你没有妥善利用的时间销掉,不准余数记账,也不能预支明天。我们的责任就是善用宝贵的每一刻,每一秒。

那些在事业上取得一定成就的人都深知时间的价值,他们都能够珍惜时间,善于利用生命里的每一分每一秒。

能不能合理利用时间就成了成功人士和失败人士最大的区别。

对许多人来说,浪费了时间,就等于浪费了金钱,他们对自己的时间,可谓精打细算,不管什么事情都会做到将时间具体化,他们决不允许也不能容忍迟到或拖延时间的情况发生在自己身上。当他们在处理重要事情时一律谢绝会客,而当别的人还在盘算着怎么安排自己的假期时,他们往往会细细估算自己还能活多久,他们不是在给自己安排一个详细的旅游计划,而是以此告诫自己还能赚多长时间的钱、做多少事情,还有多长的时间能够享受生活。

几乎所有优秀的人都以"时间就是金钱"作为自己的座右铭,他们为了赚取更多的金钱,不得不适应都市那种快节奏、高效率的生活方式,尤其是大都市的繁忙生活,久而久之就形成了他们对待工作的共同作风:雷厉风行。

把时间变成财富体现在竞争激烈的市场中。在市场经济机制下,谁能在一个市场上一马当先,把质优新异、符合市场需求的产品率先推出,这个企业就更容易获得较好的经济效益。

一天,服装设计师罗妮斯女士到街上去溜达,有几位充满青春活力的姑娘正在叽叽喳喳地议论着一款新设计出来的裙子,"这款裙子长了,连老太婆穿也合适,这正好掩盖她们失去弹性的双腿","太对了,我们修长的腿在这款裙子里面,谁也看不见,书上叫什么来着?哦,这叫做暴殄天物。"

"现在的时装设计师太没有创意,也太没有想象力了,怎么没有一个能够替我们这些年轻人着想一下的大师呢?"

"年轻人原来喜欢把自己最亮丽的一面展示在世人面前。"罗妮斯再也没有心思去溜达了。"做超短裙,让年轻姑娘大胆地向世人展示修长美丽的大腿!"一个大胆的设计方案在罗妮斯脑海中跳了出来。

罗妮斯意识到这可能是一个巨大无比的商机,当然不敢有半点的怠慢。她当即回到公司,连夜加工,把能找到的布料都找出来,边设计边加工,一下推出数十种不同面料的样裙。

第二天一大早,她又亲自把样裙拿回店里,摆放在橱窗的最显眼处。"罗妮斯服装店的短裙太迷人了,穿在身上,全是青春爽朗的气息。"人们兴奋地奔走相告,姑娘们蜂拥而至把刚刚设计出来的 100 套"罗妮斯超短

迷你裙"抢购一空,接下来的连续几个月里,工人们加班加点生产依然满足不了巨大的需求。

罗妮斯的成功在于她在时间上抢先一步推出新商品,从而获得巨大的成功。直到今天,超短迷你裙依然风靡全球,是许多天生爱美的姑娘们的首选服饰。

把时间变成财富还表现在生意的全过程。一个企业经营效益的高低,是与其经营费用水平的高低息息相关的。根据众多的企业核算,其经营费用中有 70% 左右是花费在占用资金的利息上。如一个企业每年的营业额为 10 亿美元,其资金年周转率为两次,言下之意,该企业每年占用资金为 5 亿美元。按通常的银行利息为 12%(年息)计算,一年共支付利息达 6000 万美元。

如果该企业能把握一切时间和进行有效管理,使资金周转达到一年 4 次,那么,其支付的利息就可节省 3000 万美元。换句话说,该企业就可多盈利 3000 万美元了。除此之外,加快货物购入和销出,加快货款的清收等,都体现出了时间的经济价值。

犹太商人巴纳特刚到南非时是一个不名一文的穷小子,他带了 40 箱雪茄烟到了南非,用雪茄烟做抵押,获得了一些钻石。在短短的几年中,他成了一个富有的钻石商人和从事矿藏资源买卖的经纪人。

巴纳特的赢利有一个呈周期性变化的规律,这就是每个星期六是他获利最多的日子,其奥秘就是他巧借了一个时间差。因为星期六这天银行较早停止营业,使巴纳特可以用空头支票购买钻石,然后在星期一银行开门之前,将钻石售出,用所得款项在自己的账号上存入足够兑付他星期六开出的所有支票。巴纳特利用银行停业的一天多时间,拖延付款,在没有侵犯任何人合法权益的前提下,调动了远比他实际拥有的资金多得多的资金。巴纳特对时间的精打细算如此别出心裁,甚至让其他犹太人也感到吃惊,并深表佩服。

在商场上,还有许多优秀的商人利用时间反弹做生意,即与季节相逆,推出反季节产品,同样获得了巨大的成功。

广东省有一个饲养能手叫刘海文,1982年开始养肉鹅时,每只都养到6~7斤以上才拿到市场上出售,而此时已有大批的肉鹅上市,加之消费者嫌肉鹅太大、花钱太多不愿买。他取反向经营方式,变大为小,变迟为早,肉鹅养到2~4斤左右就上市,销路很好。

他还发现,农民种反季蔬菜可以卖好价钱,这使他从中受到启发,每年肉鹅上市,大都集中在夏秋两个收获季节之后,肉鹅太多导致价格暴跌,养肉鹅人赚不了几个钱。旺季一过,肉鹅少,价格自然就高了。他大胆实践,大都在淡季向市场售肉鹅,获得了较好的经济效益。

成功的人,之所以创造出比凡人更多的财富,是因为他们懂得珍惜光阴、把握先机;作为普通员工的我们,比他们创造财富更为不易,更应该珍惜这有限的光阴。有了时间这笔宝贵的财富,如果我们善于支配,就可以使我们的人生放射出奇异的光彩;如果我们不能合理利用,就注定只能一生碌碌无为。何去何从,由你自己选择。朋友,请正确利用时间这笔生命的财富去创造,去经营,去收获一个美丽无悔的人生吧!

5.克服拖延,保持高效的工作风格

有一种习惯叫拖延,有了这种习惯,你便会把事情拖到最后一分钟才会去完成,它会是你生活和工作中最大的一个问题。错失机会,工作狂乱,压力巨大,自暴自弃,怨天尤人,充满罪恶感,这些只是拖延的一些病症。

在工作中,做事拖延的员工绝不会成为一个优秀的员工。如果你存心拖延逃避,你就能找出成打的借口来辩解为什么事情不可能完成或做不了,而为什么事情该做的理由却少之又少。把"事情太困难、太昂贵、太花时间"种种借口合理化,要比相信"只要我们够努力、够聪明、够忠诚,就能完成任何事"容易得多。有些人不愿许下承诺,只想找借口,他们经常为了没做某些事而制造借口,或是想出千百个理由来为没能如期实现计划而辩解。

拖延会慢慢地消灭人的创造力。任何憧憬、理想和计划,都会在拖延中落空。

在 2003 年,美孚石油公司已经远远超越了零售业巨头沃尔玛和 IT 行业里的几个大型企业,成为了美国该年度最赚钱的公司。当年该公司利润为 215 亿美元,比 2002 年增长 91%,股东回报达到 115 亿美元。美孚在 2004 年 4 月 5 日评出的 50 家表现最佳公司中排名第十二位;在《财富》评出的全球 500 强中排名第二位。

当有人问起该公司的成功秘诀时,公司董事会主席兼首席执行官李·雷蒙德只对外宣称多年来公司秉持的"决不拖延"的理念,对公司的成功做出了巨大的贡献。"决不拖延"是这家公司员工行为的重要准则之一。这一准则的执行,要求其所有的工作都必须做到决不延误半秒钟。

由此可见,克服拖延的毛病,培养一种简便高效的工作风格,可以使公司的绩效迅速提升,使每一位员工的工作乃至生命都更加富有价值。

如果你在工作中正受到怠惰的钳制,那么不妨就从碰见的任何一件事着手。是什么事并不重要,重要的是你突破了无所事事的恶习。从另一个角度来说,如果你想规避某项杂务,那么你就应该从这项杂务着手,立即进行。否则,事情还是会不断地困扰你,使你觉得繁琐无趣而不愿意动手。总之,必须现在就立即开始去做才是最好的方法。哪怕只是一天或一个小时的时光,也不可白白浪费。珍惜时间,提高效率,这才是真正的工作态度。

为了不让任何一个想法溜掉,当一个勤奋的作家产生了新的灵感时,他会立即把它记下来——即使是在深夜,他也会这样做。他的这个习惯十分自然、毫不费力。一个渴望成功的人其实就是一个艺术家,他对工作的热爱,立即行动的习惯,应该像作家记录自己的灵感一样自然。

总之,拖延是最具破坏性、最危险的恶习,它使人丧失了主动的进取心。可悲的是,拖延的恶习还具有惯性。显而易见,唯一的解决良方就是——立即行动! 这才是你成就事业的利器和法宝。

那么我们又应该如何克服拖延的习惯呢?

首先,"我绝对必须去做某件事"这种想法是拖延症的一个主要原因。当你对自己说必须去做某件事的时候,你就在暗示自己你是被强迫去做那件事的。那么你自然就会有愤恨和极不情愿的感觉。这时,你就会把拖延作为远离这种痛苦的防卫工具。如果你所拖延的工作有个时间期限,那么当期限逼近,而工作还没开始,这项任务原本带来的痛苦又会被更大的痛苦所代替。

解决第一个思想障碍的办法是:认识到并接受你不用做任何自己不想做的事情。就算可能会有严重的后果,你也有选择的自由。没有人强迫你用目前的方式工作。是你所做过的所有决定把你带到了今天这样一个状态。如果你不喜欢这样的自己,那就大胆地去开始做出不同的决定,那么随之而来的就是新结果。还有,要知道你不是在每个方面都有拖延这个坏毛病的。就算是最差的拖延者都会有某些他们从不拖延的地方。比方说你从不会错过最喜欢的电视节目,或者你每天总能抽出时间登录你最喜欢的论坛。任何情况下你都有选择的自由。所以,如果你推迟了某件你觉得"必须做"的工作,请记住,这条路是你自己选的。如果你选择"想做"一件事,那么拖延的可能性就很可能会降低。

其次,总把必须完成的工作想得很大很困难实际上会让你推迟这个工作。当你总把注意力集中在完成一项看不到前景的工作时,你就会产生一种被任务压倒的感觉。于是你就把这种痛苦与这项任务联系在一

起,尽可能地延迟这项任务。如果你对自己说,"今天我必须把税给交了"或者"我必须完成这个报告",你就很可能会有压迫感,从而推迟工作。

解决办法是:别总想着要去完成整个工作,就想着先开始完成这项工作的一小部分。用"我现在能先做一点什么呢?"代替"我要怎么完成这个任务?"只要你迈出足够多次的一小步,那么积跬步终至千里。比方说你想把车库清理干净,要是想到你得自己一个人完成这么巨大的一个工程,那种压迫感马上就会把你打得毫无还击之力,你自然就会把这事推后了。所以你应该问问自己,怎么能完成这项任务的一小部分呢? 带个小本子到你的车库,写下一些 10 分钟就能很快完成的小任务来减轻这项任务负担,扔掉一些大件垃圾之类的。不用着急去完成什么效果显著的工作,关心自己现在能做的事就行。如果你这样重复足够多次,那最终将剩下整个大任务的最后一小块,也就是说这个巨大的工程就要完成了。

第三种导致拖延的错误思想就是完美主义。一次就要把工作做到完美这种想法会阻碍你开始这项工作。老想着要把工作做到最好,导致的结果就是产生压力,接着你又会把这压力与任务联系在一起,从而条件反射地逃避任务。最终,你就会以拖延工作到最后一分钟告终,就是到了那最后一分钟你才会为自己找到一条出路。现在已经没有时间去把工作做到完美了,所以你摆脱了困境,因为你可以对自己"如果有更多的时间我是可以完美地完成工作的"。但是,如果一项任务没有具体的时间期限,那么完美主义就会让你无限期的推迟下去。没开始一项工作的时候你永远都想把它做到最好。难道不是完美主义阻碍了你么?

解决完美主义的方法是:允许自己做个正常人。你用过什么都能做成的软件么? 我怀疑哦。要知道今天完成不完美的工作比无限期拖延完美的工作强得多。完美主义与把整个任务想得太大也密切相关。别老想着要完美地完成整个大工作,想着先走出不完美的第一步就行。比方说,你想写一篇 5000 字的文章,那就从 100 字的初稿开始。比本段的文字还来得少呢。

第四个思想障碍是认为去完成任务就会失去很多乐趣。也就是说你认为开始一项工作会耗去生活中许多的娱乐时间。为了完成工作,你就得中断你的其他生活么?你是不是会对自己说"我得'与世隔绝',长时间工作,不见家人,也不能有时间娱乐"?这好像一点都不激励人心哦,然而许多人在尝试强迫自己开始工作的时候就是这么想的。想象自己很长一段时间独自一人长时间地工作,远离欢乐,这绝对是导致拖延的重大原因。

要想解决这个问题就得做相反的事。首先保证自己的娱乐时间,然后围绕定好的娱乐时间来制定自己的工作计划。这么做听起来好像只会有反作用,不过这种相反的心理状态真的可以很好的起到作用。事先决定好每周要分配给家庭、娱乐、运动、社交和个人爱好的时间。保证有充足的时间留给你最喜欢的休闲活动。接着限制好每周的工作时间。任何一个领域的顶级人物比起那些工作狂都是度更多的假,工作更短的时间。把你的工作时间当成是稀有资源而不是个吞没生活其他方面的无法控制的怪兽,你就会感觉平衡多了,而工作的时候你也会更加得专注,更加有效率。大部分人的每周最佳工作时间长度是 40~45 个小时。工作更长时间只会对你的效率和动力产生反作用,导致实际产出的减少。如果你只允许自己一周工作几个小时会怎么样呢?如果我告诉你"你这周只能工作 10 个小时"会怎么样呢?你那种被剥夺欢乐的感觉就会反过来了。这时,你不是感觉工作夺取了你的休闲时间,而是感觉你被剥夺了工作时间;你会说"我想工作",而不是"我想玩";你想要工作的动力会慢慢增长,而拖延的毛病也就消失无踪。

不过还是强烈推荐一周至少休息上一天,什么工作也不做。这样能能给自己好好地充电,渴望开始即将到来的一周。保证一周一天休息日能增加你工作的动力,减少拖延的可能性。如果你知道明天就是休息日,那就更不愿意去推迟任务,因为你可不想毁了奢侈的休息日。如果你老想着每天都得工作,而工作又是没完没了的,你就总会总对自己说"我必须工作"。于是你的大脑就会利用拖延来保证你的生活中的娱乐时间。

对于那些已经拖上一阵子的工作,就推荐使用时间想方法开始这些

工作。首先,选择一小部分只要花上 30 分钟的工作。接着给自己选择一个完成这 30 分钟工作之后马上获得的奖励。只要你认真工作上 30 分钟就一定能获得奖励,不用管是否取得了成果。给自己的奖励可以是看看你最喜欢的电视节目,看部电影,好好地吃上一顿或吃点零食,和朋友出去,散个步,或者做任何你觉得快乐的事情。因为你将要工作的时间十分短暂,所以你的注意力便会转移到即将得到的奖励而不是工作的困难上。无论这项工作是多么的让你讨厌,只要有那么一份大奖在等着你,那就不可能熬不过那 30 分钟。

当你利用时间想来完成任务的时候,你会发现一些有趣的事情。你很可能发现在那 30 分钟以后你依然继续工作。就算是个很艰难的工作,你也会投入其中,想要继续做下去。当你意识到的时候,你已经工作了 1 个小时甚至好几个小时了。当然,你仍然能得到你的奖励,所以你知道无论什么时候停下工作,你都能享受这份大奖。一旦开始行动,你的注意力就会从忧虑工作的困难转移到完成正在进行的一部分工作。

当你决定停止工作的时候,那就好好享受事先给自己选择的奖励吧。接着再计划另一个 30 分钟和这 30 分钟之后给自己的奖赏。这样能帮助你给工作添加越来越多的乐趣,因为你知道只要努力之后就能马上获得奖赏。给自己一个长远而不确定的奖励远没有即时的短期奖赏来的有效。只要投入时间就给自己奖励,这样你就会更渴望再次回到工作中,直到最后完成工作为止。

总之,你一定要学会找到拖延的真正原因,了解如何去克服拖延,认识到拖延是因为把某种形式的痛苦与不快乐与所要完成的工作联系在一起所产生的。克服拖延的方法就是减少开始工作的痛苦,增加开始工作的快乐,这样就能克服惰性,产生积极的前冲力。只要你一次次地开始一项工作,那么最终都能完成。

第五章　好习惯具有无与伦比的力量

　　亚里士多德说:"人的行为总是一再重复。因此,卓越不是单一的举动,而是习惯。"所以,在实现成功的过程中,除了要不断激发自己的成功欲望,还应该搭上习惯这一成功的快车;养成良好的习惯,对于我们人生大有裨益。因为拥有好习惯,不仅有益于他人、有益于社会,更会让你像一块磁铁一样,把所有的有益的成功因素都吸引到你身边。拥有好习惯,你就可以主宰自己的人生,就可以让自己走向美好、光明、成功!

1. 良好的习惯是成功的关键

习惯是一种最不被人重视的存在,很多人都不会在意它的作用。然而,习惯却会把你导向成功或者失败。良好的习惯能使平庸者成为人才,不好的习惯却只能埋没人才。

习惯人皆有之。南方人习惯吃大米,北方人习惯吃面条,这是生活习惯。有的人喜欢边听音乐边学习,有的人则习惯于神情专注、不受干扰,这是学习习惯。有的人工作时习惯快刀斩乱麻、雷厉风行,有的人则习惯有头有绪、条理不紊,这是工作习惯。

习惯真可以说是无处不有、无处不在、无孔不钻。正因为习惯如此之多,以至于人们常常忽视它的存在,无视它的作用。但是,你可千万不能轻视习惯的作用。好习惯是成功的助力器,而坏习惯则可能是通往成功之路的绊脚石。

《最伟大的力量》一书的作者 J. 马丁·科尔曾引用过这样一个故事:

亚历山大图书馆被烧之后,只有一本书被保存了下来,但那并不是一本十分有价值的书。于是,一个认识几个字的人用了少许的铜板就将它买下来了。这本书并不怎么有趣,但书中却有一个非常有趣的东西——其中有一条窄窄的羊皮纸,上面写着"点金石的秘密"。

点金石是一块小小的石头,它能将任何一种普通的金属变成金子。羊皮纸是这样解释的:点金石就在黑暗的海滩上,它与成千上万的和它看起来并无差别的石头混在一起。但有一个秘密,那就是点金石用手摸起来有点温暖,而普通石头摸上去却是冰冷的。

看完这个秘密之后,这个人变卖了自己的家产,买了一些简单的装备,来到海边安营扎寨,开始寻找点金石。他计划,只要一块块石头找过去,总会找到点金石的。

他知道,如果他捡起一块普通的石头,并且因为它摸上去冰凉而将起放在地上的话,他有可能几百次地捡起同一块石头。所以,当他摸到石头冰凉的时候,就将它扔进大海里。他这样干了一整天,却没有捡到一块是点金石的石头。然后,他又这样干了一个星期,一个月,一年,两年……但他仍然没有找到点金石。

很多年以后的一天上午,他捡起一块石头,随手就把它扔进了海里。可是,就在石头脱手的一瞬间,他突然意识到这块石头是温暖的!可当他反应过来时,已经来不及了,"扑通"一声,那块点金石连同这个人的希望、幸福,一起落入了茫茫的大海。

这个可怜的人已经形成了一种习惯,那就是把他所捡到的石头都扔进大海里。他已经如此习惯于做扔石头的动作,以至当他真正想要的那块石头到来时,他习惯性地就将其扔进了海里。

由此看来,坏习惯会让你不经意间就扔掉握在手里的机会。而好习惯实际上就是好方法——思想的方法,做事的方法。培养好的习惯,即是在寻找一种成功的好方法。

美国开国初总统富兰克林在没有登上总统宝座之前,有一个不好的习惯:凡事太爱争强好胜,动不动就和别人打嘴皮官司,始终跟人难以相处。因为这个习惯使富兰克林失去了很多朋友。他觉悟之后,马上就着手改变自己的习惯,他列出了一个清单,把自己个性上他认为的那些不良习惯一一列在上面,并且从最致命的不良习惯开始,一直纠正到不足挂齿的小毛病为止。当他把自己的毛病全部"删除"完毕的时候,良好的习惯遍布全身,如去倾听、去赞扬、站在别人立场上想问题、去爱、多付出,等等,结果,他变成了美国历史上最受国民尊敬和爱戴的总统之一。

　　其实,每一位成功者都有许多良好习惯致使成功的故事。萧伯纳坚持"该先做的事情就先做"的习惯使他成为著名的作家;爱迪生坚持想睡就睡的习惯,保证了他工作时有极高的效率,使思维保持活跃,从而有了一个又一个发明创造;约翰·洛克菲勒坚持工作有张有弛的习惯,使他成为了全世界拥有财富最多的人之一。

　　事实上,失败的人和成功的人之间,有很多东西相同,而往往在习惯方面却有很大的差异,正是这些不同造成了他们不同的命运。这是为什么呢? 因为习惯是在长时期里逐渐养成的一时不容易改变的行为、倾向或社会风尚。

　　既然习惯是一种不容易改变的行为和倾向,那么你就能体会到习惯的巨大威力了。人是一种生性懒惰的家伙,天生就会偷懒。这种偷懒的表现就是我们总是趋向毫不费力的事物的那一面。比如人的思维,我们说的思维定势其实就是一种习惯。一旦你的思维形成了定势,那么这种思维习惯就将决定你的思维成果。如果你的思维习惯于开拓、创新,那么你就能很容易产生新奇的想法、冒出思想的火花。如果你的思维习惯于凡事稳妥、没有积极创新的意识,那么你的大脑就只能产生保守的、步人后尘的观念。就如同你已养成了刷牙的习惯,你睡前睡后连想都不想就会走进盥洗间。

　　习惯决定行为,行为产生结果。这就是习惯的作用。当我们每天重复做相同的一件事情时,那件事情就会成为习惯。所有的习惯都是养成的,良好的习惯同样也是养成的。即习惯还有另一层含义:常常接触某种新的情况而逐渐适应,也就是人们常说的"习惯成自然"。

　　如果你打算养成良好的习惯,那么,你就赶快动手去重复实施你的计划。开始也许会觉得有些困难,但熟能生巧,当你做到一定程度时,难的也就变成容易的了。当变成容易的时候,你就会喜欢你的新习惯。一旦你喜欢上了你的新习惯,你就更愿意时常去做。这就是人的天性。

　　赶快把好习惯变成你人生的意愿吧!

2.为卓越的明天改正坏习惯,建立好习惯

　　人按习惯做事,为什么? 因为习惯具有力量,习惯的力量叫做惯性。成功是一种习惯,失败也是一种习惯。所以习惯有好坏之分,好的习惯助人成功,坏的习惯使人受挫。所以有必要建立好习惯,克服坏习惯。

　　如果有时候你锁门,有时候你不锁门,结果有一次你最后一个走出家门,匆忙之中上了飞机或者火车之后,你突然想起来了一个问题:"门锁上了没有?"使得你忧心忡忡,甚至怀疑自己是否患了"精神强迫症"。其实如果你养成了一个习惯,就可以相信习惯的力量会帮助你解除担心。

　　行为科学的研究表明:如果每次你都能按某种方式行事的话,那么就会出现这样的情形:你如今的行事方式将慢慢占据你的脑海。重复次数越多,你过去的行事方式就越来越模糊,而新行事方式将越来越占据主导地位。

　　习惯分两类:思维习惯和行为习惯,改变行为之前先改变思维习惯,思维发生在行为之前。一个人很复杂,但是也很简单,简单到什么程度呢? 只要知道了这个人的思想,就可以预知他的行为。如果他能够接受你的思想,那么他的行为就在你的预测范围之内。

　　警察看谁都像小偷,老师看谁都像学生。所以有"秀才遇到兵,有理说不清"、"慈不掌兵"之说。由于从事一种职业时间长了,就养成了思维定势和行为习惯,所以就有职业习惯。

　　当你改变了自己的信念,你就改变了自己的行为。拒绝或接受变化,取决于你选择相信什么。

　　想法使事情具有形状和力量。想法可以激励人去搬山,想法比锁链和监狱更能禁锢人。人的构成有两部分:有形和无形,即肉体和思维。这

两部分互相影响,而且要保持一致人才不至于痛苦,内外不协调会导致人不舒服。这就是内外协调,表里一致。所以思想、行为、习惯、命运之间就有了高度的联系。办事认真,对原则不喜欢妥协的人可以做审计;对数据敏感而不觉枯燥的人可以做会计;善于同人打交道,能够在短时间内把陌生人变成熟人、把熟人变成朋友的人可以去做营销员。这就是性格同命运的关系。

一个刚刚毕业来到企业的大学生,喜欢抽烟,又舍不得把好烟分给别人抽,因此在他的烟盒内装有两种档次的香烟,高档的自己抽,低档的给别人抽。结果这个人的结局比较尴尬,没有几个朋友,没有晋升,没有影响力。所以习惯岂止决定命运,习惯就是命运。

只是看到了好的行为和听到了好的思想不等于是你的好行为和思维,就像武术动作虽然好看,但不经过演练那个动作你做不来一样。习惯的建立在于重复,包括思维和行为。思维改变了,才可能改变行为。重复可以建立起一种习惯。

意识产生动机,动机产生行为,这需要有动力。改变习惯同样需要有动力,动力来自哪里? 动力有几种呢?

一个智者把三个胆量不同的人领到了山涧的旁边,跟他们说:谁能够跳过这个山涧,我承认谁胆子大。第一大胆的人跳了过来,得到了智者的赞美。其他两个人没有跳。这时智者拿出一块金子,说谁能够跳过去我承认谁胆子大,第二大胆的人跳了过去。第三大胆的人还是没有跳,这时此人后面出现了一头狮子,此人发现如果不跳生命即将结束,一用力,也跳了过来。这三个人都能够跳过来,但使得他们能够跳过来的这个行为发生的动力不同。

使人的行为发生的动力有两类:恐惧和诱因。行为发生了,是因为诱因足够;行为没有发生,是因为恐惧不够。如果一种习惯改变了,是因为诱因足够;如果一种习惯没有改变,则是因为恐惧不足。

恐惧比诱因有更大的动力。你可以不为金钱利益所动，但是你害怕失去：害怕失去自由、害怕失去健康、害怕失去爱。所以马基雅维里说：恐惧比感激更能够维系忠诚。

改变习惯需要动力，动力分为诱因或恐惧。不管是国外还是国内，在古代的时候，君主都是以武力来实现统治，即利用臣民对自己的恐惧达到统治的目的，而不是对臣民好一点，让他们产生感激来维系忠诚。因为感激是不可靠的，出于感激，人们只会在满足自己的情况下，再考虑对方。而恐惧就不一样了，它甚至可以让你先满足对方的要求，再考虑自己。

一个人要改变习惯真的很难，一个不喜欢学习的人要让他每天都去学习，他会觉得很不舒服。但是到了快要考试的时候，他就有了压力，考试不及格怎么办？如果考得好的话可以拿奖学金，对以后的推荐上研究生、出国、找工作都很有好处，面对恐惧和诱惑双重影响，他就会逼着自己改变习惯，因为他有了动力。

森林公园为了保护鹿，把狼赶走了，但是一些鹿却得病而死。得病的原因是缺少运动，为什么缺少运动？因为没有了天敌——狼，所以不用奔跑了。后来森林管理人员又把狼引进了公园，这样鹿们又恢复了健康。

习惯是一种选择，假如在某种情况下，每次你都有这种反应，导致你以后这样做起来很容易，就形成了习惯，而不管是好习惯还是坏习惯。因此，你可以选择对自己有利的好习惯。

马尔登说："你可以改变你的习惯，当然不像滚动木头那样简单，但是你可以办得到，只要你真心希望这样做。"他提出了五条建议：

1. 首先相信你可以改变你的习惯。对你自我控制的能力要有信心，如此才能为你的基本个性带来积极的改变。

2. 彻底了解这些坏习惯对你身体所造成的不良影响，使你愿意去承受暂时的损失甚至痛苦而培养出要求改变的强烈愿望。面对这些可怕的事实：体重过重会使你的重要器官不堪负荷；酒精会破坏你的身体组织；

过度工作这也是一种不好的习惯,可能会使你的死期提早来临,等等。

3.找出某种令你感到满意的事物,用来暂时安慰自己。因为你在戒除一项长期的习惯之后,必会经历一段痛苦的时期,这时就要找些事物来安慰你。像摄影、园艺或弹钢琴这些爱好,可能会协助你成功戒除坏习惯。

4.发掘将你逼到这种情况的基本问题。你的挫折究竟是什么?你是否低估了自己的价值?为何对自己如此敌视?这是针对那些因挫折或失败而有了酗酒、多食、吸毒等坏习惯的情况而言的。

5.认真处理这些问题,调整你的思想,接受你的失败,重新发掘你的胜利。引导你自己迈向积极的习惯,这将使你的生活获益。为你自己制定新的目标。在积极的活动中获得成功的感觉,这将发挥你的能力与热诚。

总之,每个人都有各种各样的习惯,习惯也在每时每刻影响我们的生活,好习惯是成功的助推器,而坏习惯则会阻碍你走向成功,因此,我们一定要告别坏习惯,重塑好习惯,重新定位自己的生活。

3.用好习惯去抑制坏习惯

用一种习惯抑制另一种习惯,这是人的自然法则。要戒除坏习惯,就是用好习惯去替代它,习惯形成品质、决定命运,既然这样我们为什么不让好习惯来支配自己呢?自由意识养成恶习,节制约束形成良好品质,人要拥有良好的品质,就需要培养节制的美德。养成良好的习惯,全心全意去实行;用好的习惯替代坏习惯,这便是人生新的开端。

一位哲学家带着他的一群学生周游世界。十年间,他们游历了所有的国家，拜访了所有有学问的人，现在他们回来了，个个都满腹经纶。在进城之前，哲学家在郊外的一片草地上坐了下来，弟子们也围着哲学家坐下来。

哲学家问："现在我们坐在什么地方？"弟子们回答："现在我们坐在旷野上。"哲学家又问："旷野上长着什么？"弟子们说："旷野上长着杂草！"

哲学家说："现在我想知道如何除掉这些杂草。"弟子们非常惊愕，他们都没有想到，一直在探讨人生奥妙的哲学家，竟然问这么简单的问题。

一个弟子首先开口说："只要用铲子就够了。"哲学家点了点头。

另一个弟子接着说："用火烧也可以。"哲学家微笑了一下，示意下一位。

第三个弟子说："撒上石灰就会除掉所有的杂草。"

接着讲的是第四个弟子，他说："斩草除根，只要把根挖出来就行了。"

等弟子们都讲完了，哲学家站了起来，说："课就上到这里，你们回去后。按照各自的方法去除一片杂草。没除掉的，一年后，再来一聚！"

一年后，他们都来了，不过原来相聚的地方已不再是杂草丛生，它变成了一片长满谷子的庄稼地。弟子们围着谷地坐下，等待哲学家的到来，可是哲学家始终也没有来。十几年后，哲学家去世，弟子们在整理他的言论时，发现哲学家在最后一章上写着：要想除掉杂草，方法只有一种，那就是在上面种庄稼。

这个哲理故事启示我们：我们不能抹去一个坏习惯，只能用一种好习惯去替换它。因此，在着手改掉坏习惯之前，我们必须仔细地思考究竟应该选取哪些好习惯来替换它们。

习惯就是一点一滴、循环往复、无数次重复的行为养成的。好的习惯、坏的习惯莫不是如此，只是结果不同。因此，我们从现在开始，就要勇敢地采取行动，向不良习惯告别！

列夫·托尔斯泰在青年时期曾一度沉湎于奢华和挥霍，荒废了学业，

还留过级,后来他决心同自己的恶习做斗争,制定了《发展意志手册》:"使肉体的需要完全接受意志的鼓励。"他强迫自己完成每天该完成的工作,坚持每天记日记,并重读以前的日记,用来进行自我监督,终于锻炼出坚强的意志,摒弃了恶习。

行为心理学研究表明:21 天以上的重复会形成习惯;90 天的重复会形成稳定的习惯。即同一个动作,重复 21 天就会变成习惯性的动作;同样的道理,任何一个想法,重复 21 天,或者重复验证 21 次,就会变成习惯性想法。所以,一个观念如果被别人或者自己验证了 21 次以上,它一定已经变成了你的信念。

所以,如果你想用某种好习惯代替另一种坏习惯,就连续 28 天做这件事情,以后自然就形成了新的习惯。

新习惯的形成大致分三个阶段:

第一阶段:1～7 天左右。此阶段的特征是"刻意,不自然"。你需要十分刻意提醒自己改变,而你也会觉得有些不自然,不舒服。

第二阶段:7～21 天左右。不要放弃第一阶段的努力,继续重复,跨入第二阶段。此阶段的特征是:"刻意,自然"。你已经觉得比较自然,比较舒服了,但是一不留意,你还会回复到从前,因此,你还需要刻意提醒自己改变。

第三阶段:21～90 天左右。此阶段的特征是"不经意,自然",其实这就是习惯。这一阶段被称为"习惯的稳定期"。一旦跨入此阶段,你已经完成了自我改造,这项习惯就已经成为你生命中的一个有机组成部分,它会自然而然地不停地为你"效劳"。

我们每天绝大多数行为是出于习惯。这就是说,倘若我们能看清并且改掉坏习惯,看清并且坚持好习惯,我们至少能在人生道路上得 90 分。关键在于看清自己,关键在于经常地自我评估。

习惯要不是最好的仆人就是最坏的主人。你可以利用习惯获取成功,也可能由于习惯而遭到毁灭。人应当支配习惯,而绝不是让习惯支配人。

4. 借助别人的经验走向成功

　　牛顿有句名言说："如果说我比别人看得更远些,那是因为我站在了巨人的肩上。"古人云:"他山之石,可以攻玉。"失败可能伴随我们一生,但研究和借鉴他人的成败经验会降低我们走弯路的几率。我们不仅要学会从自己的经历中总结经验和教训,还要学会从别人的身上看到失败与成功的原因,引以为鉴。许多人能够不费吹灰之力避开陷阱,比他人更早到达理想中的生存境界,原因就在于:他们不仅关注自己的错误,同时还关注着别人的错误,不放弃任何可以吸取教训的机会。

　　早在 4000 年前的远古蛮荒时代,洪水泛滥,民不聊生。尧帝命大臣鲧治水,鲧以掩堵拦截之法治之,结果失败被斩。鲧死后,其子禹继承父志。他总结父辈的经验教训,一反旧法,顺其水性,以疏通河道、引水入海之法,取得成功,神州得以昌盛。

　　研究别人的错误可以少犯错误,你一定要不断地研究你的竞争对手。要成功,必须要做成功者所做的事情,同时你也必须了解失败者是如何做的,让自己不去犯那些错误。

　　有一个 10 岁的小男孩,在一次车祸中失去了左臂,他非常喜欢柔道,并且还想在这方面有所成就。最终,小男孩拜一位日本柔道大师做了师傅,开始学习柔道。虽然他只有右臂,但他学得非常刻苦。可是练了三个月,师傅只教了他一招,小男孩有点弄不懂了。

　　他终于忍不住问师傅:"我是不是应该再学其他招法? 我为什么总学这一招呀?"师傅回答说:"不错,你的确只会一招,但你只需要会一招就够了。"

　　小男孩并不是很明白，但他很相信师傅，于是继续练了下去。

　　几个月后，师傅第一次带小男孩参加比赛。小男孩自己都没有想到居然轻轻松松地赢了前两轮。第三轮稍稍有点艰难，对手连连进攻，小男孩敏捷地施展自己的那一招，又赢了。就这样，小男孩自己都不知道怎么进入了决赛。决赛的对手比小男孩高大、强壮许多，也似乎更有经验。有一度小男孩显得有点招架不住，裁判担心小男孩会受伤，就叫了暂停，还打算让小男孩退出比赛。师傅不答应，坚持说："继续下去！"比赛重新开始后，对手放松了戒备，小男孩立刻使出他的那招，制服了对手，由此赢了比赛，获得了冠军。

　　在回家的路上，小男孩质疑地问师傅："我怎么凭一招就赢得了冠军？"

　　师傅答道："有两个原因：第一，你几乎完全掌握了柔道中最难的一招；第二，就我所知，对付这一招唯一的办法是对手抓住你的左臂。"

　　知己知彼百战不殆，失败的过程就是知彼的过程，也就是总结他人经验教训的过程。无数事实证明，善于学习借鉴别人的成功经验或者失败的教训并非投机取巧，而是明智之举，是走向成功的捷径。

　　很多人都喜欢阅读别人的成功故事。其实，从别人的成功经验中学习和从其失败教训中学习的最大差别是：前者很容易限于模仿层面，只知道如何做；而后者则能够知道为什么。芬克尔斯坦也认为："学习成功经验的最好方法是从研究失败的教训中获得。"在激烈的社会竞争中，我们往往更多地追求卓越、关注成功，然而"智者千虑，必有一失"。任何人，不论是声名显赫的伟人还是没有名气的凡人，要想一生做到一帆风顺是不可能的，成功人士的经验都是相似的，但失败的教训却各有不同。

　　在日本，有一个著名的国际软件株式会社，公司主要的任务就是开发新的软件，以适应市场的需求。不过在1998年之前，这个公司还是一个名不见经传的小公司，如今却能坚强地屹立在繁华的东京，它的崛起就源自于总结和研究。

以前,他们在开发新产品上总是"慢人半拍",几乎没有在市场上推出过位于新技术前列的产品,他们总是让其他公司"领跑",自己尾随其后。公司的领导甚是不解,于是有人提议从别的企业成功与失败的经验中寻找企业开发新产品的最佳"谋合点"。说做就做,他们借鉴了许多世界著名软件公司成功与失败的经验,从中找到了适合自己公司发展的经验。如今,他们生产的软件被运用于世界各地,不仅取得了巨大成功,而且也奠定了日本软件业巨头的地位。

所以,别人的经验和教训都是宝贵财富,要认认真真地学。只有这样,才能使我们"站在巨人的肩膀上",在更高的起点上登攀,在更新的领域中取得成功。例如在学习中,我们可以学习那些优秀生处理问题的方法,认真地学习他们可以提高我们的能力,让我们进步得更快。成功的经验我们要学,失败的教训也同样要借鉴。失败是不可避免的人生经历,从失败中分析原因、吸取教训是人生一笔财富。同理,只有善于分析各种各样的失败案例,去寻找其中深层次的原因,才能避免自己遭遇同样的失败。

5. 养成终身学习的好习惯,不断超越自我

有人曾经问李嘉诚成功靠什么,他回答得简单有力:"靠学习,不断地学习!"现在已经年逾古稀的他,每天晚上仍然坚持读书,坚持不懈地在工作中学习。

我们生活在一个学习决定命运的时代。这是一个信息大爆炸的时代,知识技术日新月异,现在所掌握的知识很快就会被社会淘汰,如果我

们抱残守缺、坐吃山空，迟早也会被社会所淘汰，所以无论对个人还是企业，学习如同一日三餐，万万省不得。

"不是我不明白，这世界变化太快。"崔健的这首歌唱出了现代人面对生活的迷茫，要想在这个时代保持清醒，学习是唯一的方式，学习是保持知识更新、适应时代发展的必然选择，不是一朝一夕的事情，因此，必须通过持续的努力追求进步、追求卓越。要使学习成为一种习惯，只有这样，你才能真正成为现代职场上的一块永不断电的电池。

通用电气公司（GE）首席教育官、GE 发展管理学院院长鲍勃·科卡伦在《我们如何培养经理人》一文中提出：

在 GE 内部，一旦你进入了公司，你是来自哈佛大学，还是一个不起眼的学校并不重要。因为一旦你进入公司，你现在的表现比你过去的经历更重要。

如果你从事一项新工作，你做得不是太好，没关系，我们知道你在学习，你能追上来。我们希望人们的表现高于一般期望值，工作得很出色。不过期望值不是一成不变的，期望值会随时间而变化。如果你停止学习，一段时间内一直表现平平，而期望值因为竞争的关系，因为客户需求，因为技术进步而上升，而你却不再学习，你就可能被淘汰。要知道在企业，期望值年年上升。如果你今年销售额达到 2000 万美元，明年就要达到 2200 万美元，而在接下来的年头，你需要做更多。

如果你停止学习，从个人的角度看这个问题，就像水在涨，而你就站在那里，你不会游泳，就被淹死了。这对你个人和事业来说都是一件坏事。

对于优秀员工的成长来说，学习是十分重要的。从不懂到懂，直到成为专业能手，就是一个不断学习实践的过程。不学习将失去竞争力，好员工永远把"学习、学习、再学习"作为自己的座右铭。在勤奋和好学的基础上，员工也自然而然会在实际工作中产生新思路、新做法，这样的员工才称得上是优秀的员工。

在这个"知识经济"时代，我们必须注重自己的学习能力，必须能够勤于学习、善于学习，才能在竞争激烈的社会中立于不败之地。

希尔成名后，每天都能收到很多来自世界各地的仰慕者的信件，光是回信就让希尔应接不暇。为了提高效率，希尔聘请了一个高中毕业的女孩露西做速记员，她的任务是拆信，读信给希尔听，记录希尔口述的回信，然后寄信。她在希尔的公司里面是学历最低的，同时也是收入最低的。也正是这个原因，露西经常被呼来唤去。露西似乎并不在意自己的处境，并且看起来每天都很开心，并且很努力。除了做好本职工作外，她还尽自己所能帮助别的同事做事，另外她不断阅读大量书籍，研究希尔写文章的风格。有一天，当她读完一封来信后，鼓起勇气对希尔说：先生，你能听听如果我是你，我将如何回信吗？希尔听完她的回信后很吃惊，不但文风与自己极像，有些地方甚至超过了自己，又让她回了几封信，后来，干脆就让她以希尔的名义回信，希尔自己只负责签名就行了。再后来，她升做希尔的助手（地位仅次于希尔），因为太能干，引起了大家的注意，别的公司不断以高薪来挖她，而希尔又离不开她，怎么办？只好不断地加薪留她。再后来，由于露西的执著、善解人意，希尔被她深深地吸引并且最终娶了她。

露西的成功在于她懂得在工作中不断学习，这一切不仅是为公司，为老板，更重要的是为了自己，为了提升自己的能力和身价——她要使自己变得对上司、对公司极有价值，从而让自己的职业和事业得到更好的发展。

磨刀不误砍柴工，你不仅仅要为你现在的职业而努力学习，也应当为你未来的梦想而努力学习。人生就是不断成长、不断完善的过程，不断学习就是自我完善的最佳途径。

对于职场人士来说，工作就是最直接的学习途径，不管我们是游刃有余，还是疲于应付，通过工作我们能学到更多的职业技能，积累更多的从

业经验。当我们怀有为学习而工作的心理的时候，就会自觉地探究工作给我们带来的真正收益是什么？在现代企业里，员工对待学习的重要性认识不一，对学习的态度也各不相同，几乎很少有员工能够意识到利用自己的工作学习是一个难得的机会。有时也只局限于眼前所掌握的工作技能，认为在工作中不出差错，学习已经够了，因而也就不屑于再学习，可是，一个快速发展的企业，需要的正是学习型员工，"物竞天择，适者生存"，通过学习我们才能够面对不断更新的世界，面对从未出现的困境。

对现代企业及员工来讲，已不仅仅是不学习就等于停止不前的概念，现代企业及员工，不学习就等于倒退。"活到老，学到老"成为贯穿一个人一生的行为，无论处于什么环境，无论从事什么职业，也不论掌握了多少知识与技能，学习对于我们来说，永远都只是开始，而绝不会是结束！对于学习来说，时间、年龄都不是影响学习效果与成就的因素，最重要的是是否怀有一颗"学习之心"。

古人言："吾日三省吾身。"反省也是一种学习，反省的过程就是学习的过程，如果我们能不断地反省自己，并努力寻找解决问题的方法，从中悟到失败的教训和根源，并全力以赴去改变，这样我们就可以在反省中清醒，在反省中变得睿智。

我们的社会正在由学历型社会向学习型社会转变，所以在工作之外，可以自掏腰包接受再教育。当然首选应是与工作密切相关的科目，还可以考虑一些热门的项目或自己感兴趣的科目，这类培训更多意义上被当做一种"补品"，在以后的机会中会增加你的分量。老板时刻把目光投向那些掌握新技能，能为公司提高竞争力的人。

要成为一名不失业，不被时代淘汰的员工，我们就要成为一名学习型员工，在工作中学习，在学习中工作，不断充电，不断学习先进的理论知识，并运用到实际工作中，推动工作的更上层楼，应以之保持自己在竞争中立于不败之地。那么如何才能成为一名合格的学习型员工呢？

首先，要树立持续获取知识的意识，养成终身学习的习惯。把学习当作自己工作的一部分，通过学习，不断扩展自己的知识面，善于结合工作实际,抓重点、得要领。从实际出发,有针对性和带着问题去学习,掌握新知识,并运用获得的知识去解决实际问题,以实际工作的绩效检验我们的学习。只有树立终身学习的思想,才会转变为持续学习的行动,从而适应不断变化的外部竞争环境。

其次,还要有务实的作风。学习型员工不仅要有丰富的理论知识,更要在实际工作中精通业务,具备一定的实际操作能力。任何成绩的取得,都离不开辛勤的汗水来浇灌,我们应把务实的作风贯穿到学习和工作中,用心学习,掌握新知识、新技术;务实工作,把新知识、新技术转换成生产力,推动我们的工作进步,使各项工作更上新台阶。

再次,也要树立团队意识、加强沟通交流。独木难成林,每项工作都需要团队成员的共同努力,才会实现既定目标。对工作中出现的矛盾、问题,需要通过团队共同的学习来达到有效沟通,把团队的目标,深入到每个人的心中,达到步调一致,实现相互间的更好协作、凝心聚力,最终胜利完成任务。

总之,学习是我们提高素质、获取成功的唯一途径,学无止境,只有随时学习、终身学习,持之以恒,日积月累,我们才能成为有成就的人。

6. 成功源于对细节的重视

老子的《道德经》有言:"天下难事,必做于易;天下大事,必做于细。"

麦当劳的成功,与其严格细致的食品配料加工程序是分不开的。麦当劳有这样的规定:面包不圆或者切口不平的不要,用刀的宽窄精确到毫米;炸薯条成品的保藏不得超过 7 分钟,汉堡包放进保温槽也不得超过 19 分钟;一个牛肉饼出炉 20 分钟后还没有卖出就当废品处理。麦当劳

食品加工作业手册有 560 页之多，而正是这一个个细节完美地执行，才造就了麦当劳在快餐领域的帝国基业。

宝洁公司最开始推出汰渍洗衣粉时，销路并不是很好。宝洁公司经过市场调查后发现，原来他们做的广告中倒洗衣粉的时间竟然有 3 秒钟之久，而其他的洗衣粉广告中仅仅是 1.5 秒，就是这 1.5 秒的差距，让消费者误认为汰渍洗衣粉比其他洗衣粉用量多才能洗得干净。就是这么一点细节的疏忽，让汰渍洗衣粉出师不利。

泰国东方饭店堪称是亚洲饭店之最。泰国在亚洲算不上特别发达，东方饭店为什么就能够成为亚洲之最呢？原来在东方饭店有这样的规定，所有的服务员当天晚上要背熟当日入住的所有客人的姓名。这样，所有的服务员第二天就可以熟悉客人的名字，并且给予热情的服务，更不可思议的是，东方饭店在数年之后还记得当时入住的客人，并且在数年之后还会给当年的顾客寄贺卡。仅仅这些细节，就让客人有了宾至如归故地重游的强烈的亲切感。因此也收获了很多的回头客和慕名前来的新客人。可见，牢记客人姓名的细节是东方饭店成功的秘诀。

在中国，很多人都热衷于食用人间美味河豚肉。据资料统计，我国每年因食用河豚中毒死亡的人数将近 1000 人，日本人也喜欢吃河豚，然而日本人却几乎没有因为食用河豚而中毒的事件。究其原因，是因为在日本河豚加工的程序极其严谨。河豚的烹饪加工全部由专业的河豚厨师操作，河豚的加工去毒需要经过 30 道工序，30 道工序缺一不可，每一条河豚的加工去毒得花掉 30 分钟的时间。而在中国，河豚的加工去毒就没有那么严谨有序，出现河豚中毒事件在所难免。可见，忽略细节可能会导致严重的后果。

"细节是魔鬼"，20 世纪最出色的建筑师之一密斯·凡·德罗这样说。细节就是事物的细微之处，有时候细节毫无声息，就像随便加工河豚吃后也许不会中毒，但那只是没有发作的偶然，这正是细节的魔鬼，不发作则已，一发作就不可收拾。

　　"大行不顾细谨,大礼不辞小让。"这一句话千百年来误导了不少人。倘若汉代樊哙泉下有知,他也会后悔他当年随意地一说。其实翻开历史长卷,可以看到改变历史进程的往往就是细节,正是细节造就了"空城计"、"草船借箭"和"一马失社稷",还有后来的"偷袭珍珠港"、"智取威虎山"以及"诺曼底登陆",这些无一不是点滴改变结局,细节决定成败。

　　大事皆因小事起,只有做好今天的小事,才能造就明天的伟业;只有完善目前的点滴,才能成就更高的自我。

第六章　唯有倾注爱与热情，方能成就伟业

历史上任何伟大的成就都可以称为爱与热情的胜利。没有爱与热情，不可能成就任何伟业，因为无论多么恐惧、多么艰难的挑战，热爱与热情都赋予它新的含义。没有对事业的爱与热情，注定要在平庸中度过一生；而有了爱与热情，将会创造奇迹。

1. 给予比索取更快乐

巴勒斯坦有两个海,正如世上也有两种人,一个懂得给予,另一个只会索取。

伽里里海接受约旦河,但绝不把持不放,每流入一滴水,就有另一滴水流出,接受与给予同在。韦加宁教授就是这种人。

被国外同行誉为"中国第一手"的北京积水潭医院手外科大夫韦加宁教授,他在手外科方面的学问自然是第一流的。他高尚的人格、完美的医德,同样也是第一流的。他第一流的人品,主要的表现就是给予。晚年,他不幸患上癌症,发现时已是晚期,这对他意味着什么,他自然很清楚。短时间的痛苦后,他很快恢复平静。

当他接受了这场噩梦的折磨时,他也在他生命最后的日子里努力完成他的《手外科手术图谱》,给予自己深爱的事业,给予自己的学生。这期间,他依然不忘自己的病人,想更多地给予他们一些帮助。即使病情越来越重,他还是常将自己的笑容给予家人,给予同事,尽量减少自己的病痛给他人带来的不安。在接受与给予中,他感到从容、平静、安详,以快乐与满足的心情走完自己有尊严的一生。

接受一如"飞流直下三千尺"那般畅快淋漓,付出恰似"一江春水向东流"那般坦坦荡荡。它们实现的是快乐,是幸福。

另一个海则精明厉害,它吝啬地收藏每一笔收入,绝不向慷慨的冲动让步,每一滴水它都只进不出,它就是死海。很多孩子就是这种人。

孩子是妈妈的心肝宝贝，他从出生到长大成人，妈妈都一直悉心照顾着他。妈妈为他穿衣做饭，为他嘘寒问暖，为他操心劳力……却不曾有一句怨言。直到有一天，妈妈积劳成疾，卧病在床，她害怕自己命不久矣，孩子会得不到照顾，她想把自己多年辛苦劳动，省吃俭用存下来的积蓄交给孩子，可是孩子看见母亲重病不起，而且以为家徒四壁已无可图，他就连看都懒得看他母亲。他不曾为她穿衣做饭，不曾为她嘘寒问暖，不曾为她操心劳力……有的只是一句句怨言。母亲为此流下了最后一滴泪……

一个人如果只懂得接受，不懂得给予，他永远也感受不到那份真挚的情义，那份暖心的感动，更体会不到爱的真谛。

别林斯基曾说过："在失望的荒地上付出你宽大的胸怀，在希望的沃土上会得到你心灵的慰藉。"当太阳用它自己的光芒照耀大地万物的时候，它的眼中才会充满勃勃生机。

有个教授和一个学生一起散步。他们在小道上看到一双鞋，估计是在附近干活的人的。学生对教授说："我们把他的鞋藏起来，躲到树丛后面，看他找不到鞋子的感受怎么样？"

教授比较有教养，他说："我们不能把自己的快乐建立在那人的痛苦之上。你可以通过他给自己带来更多快乐——你在每只鞋里放上一枚硬币，然后躲起来观察他的反应。"学生照做了，随后他们躲进了旁边的树丛。

那个人干完了活儿，回到这里，一边穿衣服，一边把脚伸进鞋里。突然感到鞋里有个硬东西，弯下腰去摸，竟然发现一枚硬币。他的脸上充满着惊讶和欣喜。他继续去穿另一只鞋，又发现了另一枚硬币。他激动地仰望着蓝天，大声表达自己的感激之情，他的话语中谈及了生病和无助的妻子、没有东西吃的孩子……学生被深深地感动了，他的眼中充满了泪花。

这时教授说："你是不是觉得这比恶作剧更有趣呢？"年轻人说："我感

觉到了以前从不曾懂得的一句话——给予比接受更快乐！"

生活就像山谷回声，你付出什么，就得到什么；耕种什么，就收获什么。帮助别人就是强大自己，帮助别人也就是帮助自己，为自己铺开后路。其实，在很多情况下，帮人并不意味着自己吃亏。

一对待人极好的夫妇不幸下岗了，不过在朋友、亲属以及街坊邻居们的帮助下，他们在小城新兴的一个服装市场里开起了一家火锅店。

刚刚开张的火锅店生意冷清，全靠朋友和街坊照顾才得以维持。但不出三个月，夫妇俩便以待人热忱、收费公道而赢得了大批的"回头客"，火锅店的生意也一天一天地好起来。

几乎每到吃饭的时间，小城里行乞的七八个大小乞丐，都会成群结队地到他们的火锅店来行乞。

夫妇俩总是以宽容平和的态度对待这些乞丐，从不呵斥辱骂。其他店主则对这些乞丐连撵带轰，一副讨厌至极的表情，而这夫妇俩每次都会笑呵呵地给这些肮脏邋遢、令人厌恶的乞丐盛满热饭热菜。最让人感动是夫妇俩施舍给乞丐们的饭菜，都是从厨房里盛来的新鲜饭菜，并不是那些顾客用过的残汤剩饭。他们给乞丐盛饭时，表情和神态十分自然，丝毫没有做作之态，就像他们所做的这一切原本就是分内的事情一样。

日子就这样一天一天地过着。一天深夜，服装市场里突然燃起了大火。这一天，恰巧丈夫去外地进货，店里只留下女主人照看。一无力气二无帮手的女店主，眼看辛苦张罗起来的火锅店就要被熊熊大火吞没，着急万分之时，只见那帮平常天天上门乞讨的乞丐，不知从哪里钻了出来，在老乞丐的率领下，冒着生命危险将那一个个笨重的液化气罐马不停蹄地搬运到了安全地段。紧接着，他们又冲进马上要被大火包围的店内，将那些易燃物品全都搬了出来。消防车很快开来了，由于抢救及时，火锅店虽然也遭受了一点小小的损失，但最终保住了。而周围的那些店铺，却因为得不到及时的救助，早已烧得精光。

夫妻俩对乞丐们无私的帮助得到了他们最真诚的回报。

世界著名的精神医学家亚弗烈德·阿德勒曾经发表过一篇令人惊奇的研究报告。他常对那些孤独者和忧郁病患者说："只要你按照我这个处方去做，14天内你的孤独忧郁症一定可以痊愈。这个处方是——每天都想一想，怎样才能使别人幸福？"

手心向下是助人，手心向上是求人。助人快乐，求人痛苦。何不在解决别人的痛苦中，体会助人的快乐。

一个大雨滂沱的夜晚，社会学者埃维拉不小心陷进了沼泽地。野地里四处无人，埃维拉焦急万分，身子已经陷进去到了脖子。如果不能离开这里，就必然会被沼泽吞噬。这时，一个骑马的中年男子路过此地，二话没说就用绳子将埃维拉拽了出来，把他带到了一个小镇上。当埃维拉拿出钱对这个陌生人表示感谢时，中年男人说："我不要求回报，只要你给我一个承诺：当别人有困难的时候，你也尽力去帮助他。"在后来的日子里，埃维拉帮助了许许多多的人，并且将那位中年男子对他的要求告诉了他所帮助的每一个人。数年后，埃维拉被一次骤发的洪水围困在一个小岛上，一位少年帮助了他。当他要感谢少年时，少年竟说出了那句埃维拉永远也不会忘记的话："我不要求回报，但你要给我一个承诺……"埃维拉的心里顿时涌上了一股暖流。

生活中，我们不仅要感激别人给予我们的快乐和关爱，举手之劳也要给以人以快乐和关爱，让他人在你我的些许关爱中不再孤独落泪，让生活因你我多一点的关爱而少一点不和谐，让社会在你我的爱心传递中多一些温情，让我们也幸福着我们的给予。

寻求个人利益和他人利益的契合点，这样可以有效地避免个人利益与公众利益的冲突，可以使自己与多数人站在一个立场上。像杜甫虽然自家茅屋为秋风所破，但他念念不忘的却是"安得广厦千万间，大庇天下

寒士俱欢颜"。这是何等胸怀,何等气魄! 心中有他人,他人也就接纳了你。给别人一些关爱,纵使是一些微不足道的话,对那些忧郁、无助的心灵都会是一缕明媚的阳光,或许其荒芜的心田从此就衍生出一片勃勃绿意。我为人人,其实是一种风骨和一种品位。

有位医生赶着去给一位儿童进行抢救,行至半路,竟发现路前方有一条深沟,他无法过去,于是他求助于路旁的一台推土机的司机。司机答应了,他为医生填好了深沟。医生一路飞奔,终于孩子得救了。在回去的路上,他感激地向那位司机道谢,"谢谢你,是你救了孩子一命"。不料,司机却说道,"起初我根本不知道那是我的孩子"。故事的结局出人意料,但却告诉我们,付出也是一种美,帮助别人也等于帮助自己。

送人玫瑰,手有余香。在凡尘俗世里,让我们永怀乐善之心,恒伸友爱之手,让我们永葆一颗纯洁美好的心灵。

2. 因为热爱,所以成功

奥格·曼狄诺在《世界上最伟大的推销员》中写道:"我要用全身心的爱来迎接今天。因为,这是一切成功的最大秘密。从今往后,我对一切都要满怀爱心,这样才能获得新生。"

"用全身心的爱来迎接今天",就意味着要热爱人类,热爱生活,热爱自然赋予我们的一切,这首先就要求我们停止抱怨生活的不公,及早放弃怨天尤人的想法。

如果说一个人来到这个世界上就最值得抱怨这个世界不公的话,那么这个人非海伦·凯勒莫属。

海伦出生的时候就耳聋、口哑和眼盲。她被剥夺了同她周围的人进行正常交往的能力，只有她的触觉能帮助她把手伸向别人，体验爱别人和被别人所爱的情感。

后来，一位伟大和富有爱心的家庭教师来到海伦的家，以崇高的情感和洞察心灵的特殊技巧，把这位既聋、又哑、又盲的小女孩造就成一个充满幸福、快乐和闻名世界的女作家。海伦深情地写道："任何人出于他那善良的心，说一句有益的话，发出一次愉快的笑，或者为别人铲平粗糙不平的路，这样的人就会感到他的欢乐是他自身极其亲密的一部分，以致使他终生去追求这种欢乐。"

海伦正是继承了她老师那种善良、乐观而高尚的品质并与他人一齐分享，从而使自己得到了更大更多的快慰。因为你分享给别人的东西越多，你获得的东西就越多。你把爱和幸福分给别人，你得到的爱和幸福就会更多。

"热爱"也能让我们获得更多的友谊和感情。当我们热爱他人，他人也必定同样以"热爱回报着我们"

作家荷马·克洛维，十分懂得交友之道。凡是碰到他的人，无论是清道夫、百万富翁、妇孺老幼，都会在与他相处十五分钟之内，对他产生好感。为什么呢？他既不年轻，又不英俊，更不是百万富翁，他有什么魅力可以吸引人呢？很简单，因为他一点也不矫揉造作，并且能让别人感受到他真的喜欢、关心他们。

小孩会爬到他的膝上，朋友家的仆人会特别用心为他准备餐点。而且，假若有人宣布："今晚荷马·克洛维会到这里来！"则当天的宴会一定没有人缺席。除了朋友间深厚的感情之外，荷马·克洛维的家人也都十分敬爱他。他的妻子、女儿，还有好几个孙女，全都对他称赞不已。

究竟这位作家是如何赢得这种幸福的呢？说来也很简单——就是待

人诚恳、热爱人类而已。对他来说,对方是什么人,或做什么事,他都不会在意。只要是身为一个人,对他便意义重大,值得付出关爱。每次他遇见陌生人,很快就能像老朋友一样交谈起来——并不是专谈自己的事,而是尽量谈对方的事。他借由问问题,可以知道对方是从哪里来,做什么事,有没有什么家人,等等。他也不会啰里啰嗦谈个不停,只是向对方表示自己的兴趣和关心,借以建立起友谊。这种做法,连最爱嘲笑人生的人,都会像阳光下的花朵一样吐露芬芳。正像一位资深外交家所说:"外交的秘诀仅在五个字:我要喜欢你。"

由此,奥格·曼狄诺悟出:"待人诚恳、热爱人类的人将无往不利!"

3.你的人生也可以充满爱

"爱的力量可以支配一切,改变一切"。许多生活中的成功人士对此深信不疑。

约翰·肯尼迪竞选参议员时,有一天坐车到波士顿。他看到一位老妇人准备独自过街,就叫司机停车,下车向她自我介绍,又亲切地牵着她的手送过街。有人问他说:"你真想囊括全部的选票吗?"肯尼迪回答说:"选战如此激烈,要是以一票之差落选,然后回想,竟是因为懒得下车去帮助这位老妇人,你会觉得是什么滋味?"

肯尼迪帮助这位老妇人固然是出于多拉选票的目的,但是如果他心中没有温暖的爱心,也很难做出如此举动,或许,他竞选总统的成功正有赖于此。人是渺小的,但爱的力量却无与伦比,强大时可以支配一切,改变一切。

爱能够使苦变甜，使忧变乐，使无为变有为，使弱者敢于藐视强者，使孤独者乐于拥抱世界。

有爱的人是幸福的，因为他们的生活充满激情的，因为他们的心灵是有寄托的。怎么才能让生活充满激情、充满爱呢？这就需要我们从每一天做起。本杰明·J.斯泰因的一篇文章《就试这么一天》，可供我们借鉴：

下一次出门去上班，不知这一天怎么过时，先别担忧。下定决心，采用一种全新的方式去处事待人，就试这么一天。积极乐观一点，你也许会使自己的所作所为有所改观。

就试这么一天，对同事尽量友善。把他们当做恩人来看待，好像你能留在这个岗位上工作全该归功于他们，因此幸得有他们做同事。

就试这么一天，不再吹毛求疵，挑剔别人。设法找出每一件事物的优点，并且找出每一个跟你一起工作的人值得称赞的优点。

就试这么一天，如果要纠正别人，就尽量以幽默示之，不要出言伤人；设身处地，就像要被纠正人是自己。

就试这么一天，不要求自己所做的事都尽善尽美，也不再尝试打破纪录。称职地做好眼前的工作，不强自己所难。

就试这么一天，如果自己对工作胜任有余，那就不再不停地反躬自问：我的表现跟职位和薪酬是否相称？

就试这么一天，心存感激，庆幸自己活在这个社会和时代，无须在恶劣环境下做劳累讨厌的工作。为能在自由国度里工作而感恩不尽："在这个国家里没有人强迫我工作。"

就试这么一天，为自己有工作做、活得好而满心欣喜，庆幸自己不是在战壕里躲避枪弹，或是在医院里等待动手术。

就试这么一天，不去预期别人会如何对待你，不拿自己的酬薪地位跟别人比较——就因为你是你，所以你很高兴。

就试这么一天，不计较事情"对我有什么好处"，只想到在每件事情上你帮得了什么忙。

就试这么一天,下班后不再想今天做了些什么,还有什么没有做。反之,盼望傍晚到来,不管完成了什么都感到欣慰。

以上的这些建议和想法都不复杂,更非天方夜谭。它们的好处是可以令你活得更有意义、更快乐。最重要的是,它们能使你心境平静,而这是你最珍贵的东西。如果你觉得自己的爱心和激情不够的话,就按上述建议去实践吧!

4. 对心中所爱之事全力以赴

成功的人必须有健康的身体和无限的精力,登高需要体力和耐力。爬高山如此,晋升高位也是如此。体力不济的人,只能在半路上打住,永远到不了山顶。

然而,以充沛的精力,全神投入到工作中,你会得到"忘我"的快乐,这种快乐是因循苟且者永远享受不到的。有一位心理学家问 175 名职业棋手、舞蹈家和运动员,为什么他们能陶醉在工作中?因为可以得到名利?因为想赢?结果答案是,他们都全心投注在事业上,完全没想到名利和输赢。

《信仰的力量》一书的作者路易斯·宾斯托克说:没有人能永远全神贯注,事实上也没有这种必要,因为太伤神了。只要养成习惯,必要时便可把精神集中在工作,你会发现生活比以往更有味道,因为你已学会专心做一件事,你会工作得更有劲,也玩得更痛快。

医学界发现,事业有成的人健康的因素之一,是他们乐于接受压力,因为他们精力充沛,面对压力和挑战时,会全力以赴,集中精神解决问题,不久他们便进入忘我的境界,这种精神状态和运动一样有益健康。

有些人会提出疑问："是不是只有少数人能陶醉在工作中，有的人工作非常辛苦，却收获有限？"

是的，如果你在工作上只是盲目地做牛做马，那就太不值得了。你必须有目标，为你的目标而努力。辛勤工作并不表示你真正投入工作了。同样砌砖墙，有的人默默埋头苦干，觉得工作很无聊，但还是认命地做下去；有的人一面砌，一面想象这座墙砌成后的面貌，上面也许会爬满玫瑰花，孩子们也许会攀在墙头看风景等，他努力砌墙的同时，眼睛已经看到努力的成果了。

前一个砌墙人虽然卖力，其实跟牛马差不多，在既有的工作上打转，生活对他而言是一种苦刑。后者却能陶醉在工作中，同时他很可能一面工作，一面思考改善，因此技术会不断进步，工作不仅不让他觉得无聊，还让他有机会成为这一行的高手。

从某一个角度上考察，世上有两种人：一种是生来就对一切都不起劲的，他们活着就是为过日子，至于为什么要过日子，他们是不去理解，不去追究的；另一种人是对一些事情很认真，很希望自己的生命不要浪费的人。然而，他们之中却只有一部分人能够认真地去完成自己，而另一部分人却始终拿不出力量来。为什么他们会这样呢？造成这种差别的原因在哪里？有没有热情是关键。

有些人比较坚强。他们自己既是燃料，又是火种。他们可以很容易地把自己燃烧起来，发出光和热。而另一些人却不然，他们自己是燃料，有发出光和热的可能性，但是，他们自己不是火种。他们只是木柴或煤块，需要有火柴或打火机把他们点燃，然后，他们才可以生热发光，而燃烧，而产生力量。绝大多数的人都需要火种去把自己引燃，而自己却缺少使自己燃烧的力量。于是，这"火种"就成为一些人成功的必须条件。找得到火种，他才可以燃烧；找不到火种，他就永远只是一堆冷硬的木柴或煤块。

所幸，这"火种"并不难得，它们可能是一部名人传记，一本有启发性的书，一部电影里的故事，一个好朋友的几句话，一位好老师的指引，一次

愉快的旅行,一段神圣纯洁的恋爱,或一些意外的刺激。这些,都可能在适当的时机,引发一个人对学问或事业的热情与冲力,使他由静态的等待,变为动态的钻研与追求。给他一种勇往直前的力量,使他多年的准备,一旦之间,完全成为事实。

这引发热情的"火种"可能自动地来,但多数时间,需要我们自己去找。不要放弃任何一个可以引发自己潜力的机会,这是走上成功之路的一大要诀。我们每个人都可以是生活的艺术家。活出热情的意义就是找出你爱做的事,然后全力以赴。不管你是否能得到金钱上的回报,你都坚持到底,这便是真实生活的最好方法。当你从事自己爱做的事时,自然会精力充沛、信心十足。每个人都在用自己的方式活出热情,有些人等着自然的召唤;有些人已经承担着"大任";有些人没什么热情,只希望生活中有一两件刺激的事就够了,那么生命只是一个逐渐衰退的过程;另一些人则喜欢无限的狂热激情,当他们完成一个目标时,觉得自己全身都被热情迸裂了。就像快乐生活是多种方式的一样,活出自己的热情也可以从不同的方法开始,发现自己的热情与兴趣所在是你一生的工作。无论你的目标是什么,你喜欢的事物会使你全神贯注。你的热情会如流水般扩散出去,而幸运也会如朋友一样向你靠拢过来。

5.专心做好一件事

一个人的精力是有限的,把精力分散在好几件事情上,不是明智的选择,而是不切实际的考虑。在这里,我们提出"一件事原则",即专心地做好一件事,就能有所收益和突破人生困境。这样做的好处是不至于因为一下想做太多的事,反而一件事都做不好,结果两手空空。

想成大事者不能把精力同时集中于几件事上,只能关注其中之一。

也就是说，我们不能因为从事分外工作而分散了我们的精力。如果大多数人集中精力专注于一项工作，他们就能把这项工作做得很好。

在对一百多位在其本行业获得杰出成就的男女人士的商业哲学观点进行分析之后，卡耐基发现了这个事实：他们每个人都具有专心致志和明确果断的特点。

做事有明确的目标，不仅会帮助你培养出能够迅速做出决定的习惯，还会帮助你把全部的注意力集中在一项工作上，直到你完成了这项工作为止。

能成大事的商人都是能够迅速而果断做出决定的人，他们总是首先确定一个明确的目标，并集中精力、专心致志地朝这个目标努力。

伍尔沃斯的目标是要在美国各地设立一连串的"廉价连锁商店"，于是他把全部精力花在这件工作上，最后终于完成了此项目标，而这项目标也使他获得了巨大成就。林肯专心致力于解放黑奴，并因此成为美国最伟大的总统。李斯特在听过一次演说后，内心充满了成为一名伟大律师的欲望，他把一切心力专注于这项工作，结果成为美国最伟大的律师之一。伊斯特曼致力于生产柯达相机，这为他赚进了数不清的金钱，也为全球数百万人带来无比的欢乐。海伦·凯勒专注于学习说话，因此，尽管她又聋又哑又失明，但她还是实现了她的明确目标。

可以看出，所有成大事者，都把某种明确而特殊的目标当做他们努力的主要推动力。专心就是把意识集中在某一个特定欲望上的行为，并要一直集中到已经找出实现这项欲望的方法，而且坚决地将之付诸实际行动。

自信心和欲望是构成成大事者的"专心"行为的主要因素。没有这些因素，专心致志的神奇力量将毫无用处。为什么只有很少数的人能够拥有这种神奇的力量，其主要原因是大多数人缺乏自信心，而且没有什么特别的欲望。

对于任何东西，你都可以渴望得到，而且，只要你的需求合乎理性，并且十分热烈，那么，"专心"这种力量将会帮助你得到它。

假设你准备成为一位伟大的作家，或是一位杰出的演说家，或是一位成功的商界主管，或是一位能力高超的金融家，那么你最好在每天就寝前及起床后，花上 10 分钟，把你的思想集中在这项愿望上，以决定应该如何进行，这样才有可能把它变成事实。

当你要专心致志地集中你的思想时，就应该把你的眼光投向 1 年、3 年、5 年甚至 10 年后，幻想你自己是这个时代最有力量的演说家；假设你拥有相当不错的收入；假想你利用演说的报酬购买了自己的房子；幻想你在银行里有一笔数目可观的存款，准备将来退休养老之用；想象你自己是位极有影响的人物，假想你自己正从事一项永远不用害怕失去地位的工作……唯有专注于这些想象，才有可能付出努力、美梦成真。

一次只专心地做一件事，全身心地投入并积极地希望它成功，这样你的心里就不会感到精疲力竭。不要让你的思维转到别的事情、别的需要或别的想法上去。专心于你已经决定去做的那个重要项目，放弃其他所有的事。

把你需要做的事想象成是一大排抽屉中的一个小抽屉。你的工作只是一次拉开一个抽屉，令人满意地完成抽屉内的工作，然后将抽屉推回去。不要总想着所有的抽屉，而要将精力集中于你已经打开的那个抽屉。一旦你把一个抽屉推回去了，就不要再去想它。

了解你在每次任务中所需担负的责任，了解你的极限。如果你把自己弄得精疲力竭，那你就是在浪费你的效率、健康和快乐。选择最重要的事先做，把其他的事放在一边。做得少一点、做得好一点，才能在工作中得到更多的快乐。

你要知道，专心的力量是多么神奇！在激烈的竞争中，如果你能向一个目标集中注意力，成功的机会将大大增加。

6.对工作充满热情才能有所成就

一个人要有所成就，除了客观条件与资格能力外，更需要正确的态度。事情的结果往往跟我们热心的程度成正比。

人们常说，热爱是最好的老师。其实，热爱并不会教给你什么，但是热爱却表明了你的态度，在这种态度下，你可以学到许多东西。所以有人说："当一个人的态度明确时，他的各种才能就会发挥最大的效用，因而产生良好的效果。"

态度不同会使结果不同。一个学习态度端正的学生，他的学习成绩往往会名列前茅；一个态度正确的推销员，可以经常打破推销记录；当然，正确的态度也可以使你的婚姻美满；还会使你在与别人的交往中发挥你更大的影响力；会使你成为领导人物，进而在各方面都发挥出很大的作用。

对于工作而言，我们首先培养的就是你的"热情"。

我们很难想象，一个对自己所从事的工作没有丝毫热情的人，能在自己的岗位上干出一番轰轰烈烈的事业；我们也很难想象，一个对于自己手头正在做的某件事情没有一点热情的人，能把这件事情做好。所以说，一个没有工作热情的人永远不能使别人热情；反过来说，热心工作的人很快就有同样热心的追随者了。

其实，热心不是什么高深的东西，只是所谓的"从事这项工作，是很了不起的"的那股热情和干劲而已。相对地说，"热心"在成功的所有因素中是比较容易培养的，因为它所需要的就是一个"态度"。

那么，如何培养我们"热心"的态度呢？你不妨从这几个方面做起：

1.深入了解每个问题

我们对许多事情、许多问题不热心,并不一定表示我们对它漠不关心,而是我们对此不了解。想要对某个事情热心,先要学习更多你目前尚不热心的事,了解得越多,越容易培养兴趣,而一旦有了兴趣,你就会对这个事物热心起来。

如果你下次不得不做某件事情时,一定要应用"深入了解"这个原则;发现自己对某个事物不耐烦时,也应想到这一原则。你只有进一步了解事物的真相,才会挖掘出自己的兴趣,也才能在工作中做出成绩。

2. 做任何事情都要充满热忱

在实际生活和工作中,你是不是热心、有没有兴趣,都会在你的行为上表现出来,你没有办法隐瞒。比如,我们与别人见面、握手时应紧紧握住对方的手,说"很荣幸认识你"或者"我很高兴再见到你",这种语言以及身体语言所传递出的信息,表明你这种礼节是真诚的,你也是热心的,不是应付差事式的。而你如果畏畏缩缩、有气无力地与别人握手,效果可能还不如不握。你的这种行为,只能给人一个冷漠无情,乃至死气沉沉的不良印象。可以想象,这么一个人要在工作上做出成绩、要取得人生的成功其实是不可能的。

3. 在生活和工作中,多给人们带来好消息

在我们的现实生活中,传播坏消息的人远多于传播好消息的人,正所谓"好事不出门,坏事传千里"。但是,你一定要记住:散布坏消息的人永远得不到朋友的欢心,也永远一事无成。而你经常传播好消息,肯定可以成为一个受大家欢迎的人。

我们可能在不同的场合遇到过这样的情形,某人说:"我有一个好消息要告诉大家。"这时,所有的人都会停下手中的工作,眼巴巴地望着他,一直要等他说出来才罢。是不是他所说的消息对每个人都很好并不见得,甚至也并不重要,重要的是你除了引人注意之外,还可以引起别人对你的好感,了解到你是一个愿意和朋友分享快乐的人,进而引起大家的热心与干劲。

每天回家时尽量把好消息带给家人共享,告诉他们今天都有哪些好

消息,尽量讨论一些有趣的、有益的事情,同时,把不愉快的事情抛在脑后。

工作中,把好消息告诉你的同事,多多地鼓励他们,在每一个可能的场合都要夸奖他们,把单位里、公司中正在发生的积极事情告诉他们,好让他们与你一起分享快乐。

对工作、对生活热心一些,对你的人生大有裨益。

第七章　行动是通往成功的唯一桥梁

请记住这句话:"现在就开始行动!"一旦你觉得懒怠懒散,就应该停下来大声说:"现在就开始行动! 现在就开始行动! 现在就开始行动!"拖拖拉拉的代价巨大,因为你一次次地重新回到工作中,大大增加了时间的浪费。思考和计划固然重要,但行动更重要。思考和计划不会让你得到报酬,只有工作成果才能。当你犹豫的时候,大胆的行动吧,就像它根本不可能失败。实际上,的确如此。

1. 临渊羡鱼，不如退而结网

区别一个人是真有能耐还是"假大空"只要去看他做的事就行了。用手而不是用嘴，着手去做而不是光说不练，是优秀的人应具备的品格。

有个中年人不断地到教堂祈祷，而且他的祷告词几乎每次都相同。

第一次他到教堂时，跪在圣坛前，虔诚地低语："上帝啊，请念在我多年来敬畏您的份上，让我中一次彩票吧！阿门。"

几天后，他又垂头丧气地回到教堂，同样跪着祈祷："上帝啊，为何不让我中彩票？我愿意更谦卑地来服侍您，求您让我中一次彩票吧！阿门。"

又过了几天，他再次出现在教堂，同样重复他的祈祷。如此周而复始，不间断地祈求着。到了最后一次，他跪着："我的上帝，为何您不垂听我的祈求？让我中彩票吧！只要一次，让我解决所有困难，我愿终身奉献，专心侍奉您——"

就在这时，圣坛上空发出一阵宏伟庄严的声音："我一直在垂听你的祷告。可是最起码，你也该先去买一张彩票吧！"

这个中年人连一张彩票都不买，竟也幻想着有一天能中大奖，这无异于白日做梦。如果他永远故我的话，那恐怕他到死也不会中什么彩票，更不要说发大财了。

临渊羡鱼，不如退而结网。没有行动，任何梦想都是空谈！没有行动，一切理想都是白日梦！在我们做事的时候，每一个都应该具有一种"把信带给加西亚"的精神：行动精神！

《致加西亚的一封信》这篇短文最早发表于1899年。这篇百年前的文章，几乎被世界上所有的语言翻译出来，印制了亿万份。纽约中央火车站曾将该文印刷了150万份分发出去。日俄战争期间，每一名俄国士兵都带着这篇文章，日军从俄军俘虏那里发现了它，如获至宝，在日本天皇的命令下，日本的每一名军人、公务员、老百姓都拥有这篇文章。现在，它已经成为了任何管理学或者成功学不可或缺的经典，被一代代人广为传诵。

实际上，这种把信带给加西亚的精神在我国自古就有，而且一直流传。上溯到《孟子·公孙丑上》中提到的"虽千万人吾往矣"的气概，到陆游的"位卑未敢忘忧国"，再到林则徐的"苟利国家生死以，岂因福祸趋避之"的高度的民族责任感，一脉相承的是我们这个古老民族引以为豪的优良传统和责任意识。传统的"五四"精神，更体现出在时代前进的洪流中积极地前行，审视自我、完善自我、勇于奉献的一种崇高的责任感。

在当今社会，这样的责任感更多地体现在敬业之中。敬业，是一种高尚的品德。它表达的是这样一种涵义：对自己所从事的职业怀着一份热爱、珍惜和敬重，不惜为之付出和奉献，从而获得一种荣誉感和成就感。可以说如果社会各个行业的人们都具有敬业精神，我们的社会就会更加文明进步，更加充满生机和活力。但是，有的人，让他把信带给加西亚，他会说出一万个不可能，并且举出种种理由支持他的观点，却从来也不会费心去考虑如何完成他应该完成的目标。敬业精神，不单单是完成日常的工作，朝九晚五点卯报到，而是和兢兢业业、精益求精、踏实肯干的工作态度联系在一起的，是和诚实守信、质量效率、企业形象联系在一起的。在普通而平凡的岗位上，浑浑噩噩、混天度日是一种态度，扎实勤勉、日清日高又是一种态度。海尔总裁张瑞敏说：把普通的工作作好就是不普通，把平凡的事情作好就是不平凡。这样的道理似乎人人都会说，但却极少有人能做到。

也许，大家已经急切想知道《致加西亚的一封信》的内容，下面就是这

篇传世之作。

在一切有关古巴的事物中，有一个人最让我忘不了。

当美西战争爆发后，美国必须立即跟西班牙的反抗军首领加西亚取得联系。加西亚在古巴丛林的山里——没有人知道确切的地点，所以无法带信给他。美国总统必须尽快地获得他的合作。

怎么办呢？有人对总统说："有个名叫罗文的人，有办法找到加西亚，也只有他才找得到。"他们把罗文找来，交给他一封写给加西亚的信。关于那个名叫罗文的人，如何拿了信，把它装进一个油纸袋里封好，吊在胸口，3个星期之后，徒步走过一个危机四伏的国家，把那封信交给加西亚——这些细节都不是我想说明的。我要强调的重点是：美国总统把一封写给加西亚的信交给罗文；而罗文接过信之后，并没有问："他在什么地方？"

像他这种人，我们应该为他塑造不朽的雕像，放在每一所大学里。年轻人所需要的不只是学习书本上的知识，也不只是聆听他人种种的指导，而要加强一种敬业精神，对上级的托付，立即采取行动，全心全意地完成任务——"把信带给加西亚"。

加西亚将军已不在人间，但现在还有其他的加西亚。凡是需要众多人手的企业经营者，有时候都会因一般人无法或不愿专心去做一件事而大吃一惊。懒懒散散、漠不关心、马马虎虎的做事态度，似乎已经变成常态；除非苦口婆心、威逼利诱地叫属下帮忙，或者，除非奇迹出现，上帝派一名助手给他，没有人能把事情办成。

不信的话，我们来做个试验：你此刻坐在办公室里——周围有6名职员。把其中一名叫来，对他说："请帮我查一查百科全书，把某某的生平做成一篇摘录。"那个职员会静静地说："好的，先生。"然后就去执行吗？我敢说他绝不会，反而会满脸狐疑地提出一个或数个问题：他是谁呀？他过世了吗？哪套百科全书？百科全书放哪儿？是我的工作吗？为什么不叫查理去做呢？急不急？你为什么要查他？我敢以十比一的赌注跟你打赌,在你回答了他所提出的问题,解释了怎么样去查那个资料,以及你为什么要查的理由之后,那个职员会走开,去找另外一个职员帮助他查某某的资料,然后,会再回来对你说,根本查不到这个人。真的,如果你是聪明人,你就不会对你的"助理"解释,某某编在什么类,而不是什么类,你会满面笑容地说:"算啦。"然后自己去查。这种被动的行为,这种道德的愚行,这种心灵的脆弱,这种姑息的作风,有可能把这个社会带到危险境界。

如果人们都不能为了自己而自动自发,你又怎能期待他们为别人采取行动呢?你登广告征求一名速记员,应征者中,十之八九不会拼也不会写,他们甚至不认为这些是必要条件。这种人能把信带给加西亚吗?在一家大公司里,总经理对我说:"你看那职员。""我看到了,他怎样?""他是个不错的会计,不过如果我派他进城里去办个小差事,他可能把任务完成,但也可能就在途中走进一家酒吧,而当他到了闹市区,可能根本忘了他的差事。"这种人你能派他送信给加西亚吗?

近来我们听到,许多人为"那些为了廉价工资工作而又无出头之日的工人"以及"那些为求温饱而工作的无家可归人士"表示同情,同时把那些雇主骂得体无完肤。但从没有人提到,有些老板一直到年老,都无法使些不求上进的懒虫做点正经的工作,也没有人提到,有些老板长久而耐心地想感动那些当他一转身就投机取巧的员工。在每个商店和工厂,都有一个持续的整顿过程。公司负责人经常送走那些显然无法对公司有所贡献的员工,同时也吸引新的进来。不论业务怎么忙碌,这种整顿一直在进行着。只有当公司不景气,就业机会不多,整顿才会出现较佳的成绩——那些不能胜任,没有才能的人,都被摈弃在就业的大门之外,只有最能干的人,才会被留下来。为了自己的利益,使得每个老板只保留那些最佳的职员——那些能把信带给加西亚的人。

我钦佩的是那些不论老板是否在办公室都会努力工作的人,我也敬佩那些能够把信交给加西亚的人。静静地把信拿去,不会提出任何愚笨问题,也不会随手把信丢进水沟里,而是不顾一切地把信送到。这种人永远不会被解雇,也永远不必为了要求加薪而罢工。文明,就是焦心地寻找

这种人才的一段长远过程。这种人不论要求任何事物都会获得。他在每个城市、村庄、乡镇，以及每个办公室、商店、工厂，都会受到欢迎。

世界上亟须这种人才，这种能够把信带给加西亚的人。

麦金利总统把一封写给加西亚的信交给罗文，而罗文接过信之后，没有问题，没有条件，更没有抱怨，只有行动，积极、坚决的行动！

不要吹嘘自己，大话讲得再动听悦耳那也是虚无的。改变现实的唯一途径只有一个，那就是行动，行动，再行动。

2. 今天就勇敢踏上成功的征程

"当事情进展得并不像你所想象的那么顺利的时候，你会变成怎样的一个人？"就像成千上万的人都做着自己的创业梦，但是仅有少之又少的人能够勇敢地去付诸行动。

在不具备资金的情形下，敢说、敢想、敢当、敢干也是一种成就伟大事业的资本，当你拥有了足够的想象力，就具备了超出一般人的野心，这样的野心会让你在资金短缺的原始积累起初，发挥出令人难以置信的"资本"威力。

奥格·曼狄诺说："一颗种子可以孕育出一大片森林。"

事实上，在某些时候，伟大与平庸仅是由于当初的一念之差所造成的。在起初，假如当初只要花几百元去摆地摊，10年后也许就变成了大老板。假如你带了几千元杀进股市，或许在几年之后便成了百万富翁；可是有人说："如果我当初做会比他们赚钱更多。"不错，因为在那个时候，你的能力比他强，你的资金比他多，你的经验或许比他更充足。可是明摆着就是因为当初的一念之差就这样决定了你当初不去做，也正是你不去做的观念决定了你 10 年后的今天还是很穷,不同的观念导致了不同的人生。

一个敢说、敢做、敢担当的人注定是一个懂得创造财富的人,注定会成为一个富有的人。

就像是想要创业的人一样,首先要有志者具备超人的胆识,勇于承担多数人望而却步的风险事业。中国原本就没有市场经济,在计划经济的条件下,人们的行为是井然有序的,所有的事件都被虚拟地"计划"好了。你想要创业,就必须想办法去钻空子,将那些原本旧的秩序"搞乱",才可能有所作为。

民间曾流传的成功之道是:一胆二力三功夫。即第一是胆量,第二是力量,第三才是功夫,这是创业时期的方法排序。但对于一个没有胆量的人来说,投机钻营是根本不现实的事情。因为投机钻营无论是从道德上还是在法律上,都是要冒风险的,弄不好就蹲进大牢了。

知识分子抱怨当年脑体倒挂,说贫穷的人竟然发了财,现在看来也是十分公平的。你不敢冒风险,就没有机会,成为富人靠的并非是训练有素的功夫,而是胆量。

因此,做人还是需要具备勇气,那些没勇气的人,对来之不易的良好机会总是把握不定,总喜欢去问别人,问了 10 人肯定 9 人都说不能做,因此,就对此放弃了。实际上,他们并不知道,机遇来源于新生的事物,而新生事物之所以新就是由于 90％以上的人还不知道、不认识,等 90％的人知道了也就不再是新生事物。

正如有许多商人成功的原因,就是因为他们敢于在大部分人还在犹豫不决的时候他们就做出了实际行动,先行一步,抢得商机,占领市场。在很多人还不了解时,在你开始行动之前,他们便抢得了先机,占领了成功的制高点。有一种人,在他的一生当中或许只会做两件事:当你成功时,他会妒忌你;当你失败时,他会笑话你。而他自己是这个世界上最没有作为的人!切记,只有行动了才不会后悔,才有可能获得成功,但有一点是能够肯定的,没有行动、没有恒心的人是永远也不会成功的,一生也

只会是穷人一个!

　　曾有一园艺师向井植请教道:"社长先生,您的事业是愈做愈大,而我还是树上的一只蝉,一生都在树上,也没有做出什么业绩。请您告诉我一点创业的秘诀吧!"井植想都没想,然后回答道:"那好吧,我看你很适合做园艺方面的工作。这样吧,我工厂附近有2万坪的空地,我们就种小树苗吧!一棵小树苗需要花多少钱?""40元。"

　　接着,井植就对园艺师说:"好!以一坪地种两棵计算,扣除道路,2万坪地大约可以种上2.5万棵小树苗,而树苗的成本刚好是100万元。3年之后,一棵树苗可以卖多少钱?""大约3000元。"

　　"那么,你就负责除草、浇水与施肥的工作,100万元的树苗成本和肥料费都由我来支付。3年之后,我们就有600万元的利润,到那时我们一人一半。"社长先生认真地说。不料园艺师却拒绝道:"啊!我可不敢做那么大的生意,我看还是算了吧!"

　　像这位园艺师这样没有胆量的人,想要创业、想要成为一个富人是不可能的。

　　在我们的生活中确实有诸多的"不可能"在我们心头,它无时无刻不在侵蚀着我们的意志与理想,很多本来能被我们把握的机遇也便在这"不可能"中悄然逝去。事实上,这些"不可能"多数是人们的一种想象,只要能拿出勇气主动出击,"不可能"就会因此变成"可能"。很多人之所以不能成功,缺乏的并非是才能与机遇,而是勇气。

　　为何我们国家还不是国力最强、富翁最多的国家呢?很多人都会说:"因为我国人口众多的原因。"其实,这是那些灰心丧气、没有信心、没有胆量去尝试的人的一个天大的借口,那些充满自信、敢于尝试的人是不会为自己找借口的。这是什么原因?因为他们有勇气,他们不愿相信命运的安排,他们要掌握命运,不让命运控制自己,只有这样的人才会有大志,成大器。

据记载,百万富翁中几乎有 90% 是从破产而成为富翁的。可想而知,在他们走向破产的这段时间里,他们经历了多少风浪,可是他们并没有因此而放弃,仍然拥有自己的勇气,不甘于眼前得到的一切,因此,他们成为了举世闻名的百万富翁。

其实,成就伟大的事业,秘密很简单,就是要敢说,敢做,敢当,而那些平庸人之所以一生碌碌无为的原因也就在于此!

3. 做第一个"吃螃蟹"的人

在激烈的市场战争中,机遇与挑战并存,风险与利润同在。企业要发展,就必须敢为人先。第一个"吃螃蟹"的人是危险的,但是,第一个"吃螃蟹"的人却能够最先品尝到别人垂涎欲滴的美味。

在现代的成功的商业案例中,因为敢为人先而成功的人不胜枚举。法国美容品制造师伊夫·洛列是靠经营花卉发家的。他在一次新闻发布会上感触颇深地说道:"能有今天,我当然不会忘记卡耐基先生。他的课程教给了我一个司空见惯的秘诀,而这个秘诀我尽管经常与它擦肩而过,但过去却未能予以足够的重视,也没有把它当做一回事来对待。而现在我却要说,敢为人先的确是一种美丽的奇迹。"

伊夫·洛列 1960 年开始生产美容品,到 1985 年他已拥有 960 家分号,各个企业在全世界星罗棋布。他生意兴旺,财源茂盛,摘取了美容品和护肤品的桂冠。他的企业是唯一的使法国最大的化妆品公司"劳雷阿尔"惶惶不可终日的竞争对手。这一切成就,伊夫·洛列是悄无声息地取得的,在发展阶段几乎未曾引起竞争者的警觉。他的成功源于他的敢为人先的精神。

1958年，伊夫·洛列从一位年迈女医师那里得到了一种专治痔疮的特效药膏秘方，这个秘方令他产生了浓厚的兴趣。于是，他根据这个药方，研制出一种植物香脂，并开始挨门挨户地去推销这种产品。

有一天，洛列灵机一动，他想，何不在《这儿是巴黎》杂志上刊登一则商品广告呢？如果在广告上附上邮购优惠单，说不定会有效地促进产品的销售。

这一大胆尝试让洛列获得了意想不到的成功。当他的朋友还在为他的巨额广告投资惴惴不安时，他的产品却开始在巴黎畅销起来，本来以为投入的广告费会打水漂，却没想到由于广告而获得的利润远远超过了广告费用。

伊夫·洛列并没有就此止步。他创业过程中敢为人先的精神，让他永远走在了同行之前。当时，人们认为用植物和花卉制造的美容品毫无前途，几乎没有人愿意在这方面投入资金，而洛列却反其道而行之，对此产生了奇特的迷恋之情。

伊夫·洛列设计出与强大的竞争对手完全不同的产品——植物花卉美容品，使化妆用品低档化、大众化，满足众多新、老顾客的需要。就是因为这一大胆尝试，使他把竞争对手远远地甩在了身后。

在销售方面，他打破销售学的一切常规，采用了邮售化妆品的方式。时至今日，邮购商品已不足为奇了，但在当时，这却是前所未见的，是他的一种创举。洛列式邮购手续简单，顾客只需寄上地址便可加入"洛列美容俱乐部"。公司收到邮购单后，几天之内即把商品邮给买主，同时赠送一件礼品和一封建议信，并附带制造商和蔼可亲的笑容。

对于那些工作忙碌或离商业区较远的妇女来说，这种经营方式正好解决了她们的难题，因此，她们很欢迎这一销售方式。如今，通过邮购方式从洛列俱乐部获取口红、描眉膏、唇膏、洗澡香波和美容护肤霜的妇女已达6亿人次。

1969年，洛列创办了他的第一家工厂，并在巴黎的奥斯曼大街开设了他的第一家商店，开始大量生产和销售美容品。现在，洛列生产的美容系列产品已达400多种,且拥有将近1000万名准客户。

敢为人先的精神是一个人走向成功的内在动力。正因为有了这种内在的寻求突破的动力,才敢于在不同的领域或陌生的环境中开拓自己的事业,发展事业规模,扩大市场占有率。敢为人先的精神品质大体表现在以下几方面:

1. 可以不成功

成功的道路坎坷不平。敢于尝试的人应该期望失败,拥抱失败,迎接失败,而不是害怕失败。事实上,不是每种想法都能使人与所需要的答案更靠近。这样,就可以更加自由地利用各种机会,因为不会因为害怕失败而畏缩不前。

2. 可以想入非非

不要认为胡思乱想、做白日梦一点没有用处。要知道,大脑常常会在这些"走神"的时候冒出一些很新颖的想法,甚至找出解决问题的关键办法。漫无边际地想来想去也是一种思考,它背后往往是潜意识在发挥作用,把人们引向正在寻求的答案。

3. 放弃、拒绝合乎常规的想法

很多时候发现眼前就有一种解决问题的办法,但必须拒绝这种办法,因为它过于平常。要对现有的解释提出疑问,因为合乎常规的想法往往会是错误的。

4. 创新是突破常规的本质

自然规律驱使人们去冒险、创新、创业、捕捉机遇、创造财富来推动社会发展。想要成功的人必须深刻地研究社会需求、探寻市场、捕捉机遇,不断地创新以弥补经济空缺,利用各种机会发展自己。这造就了他们孜孜不倦的探索精神,因此他们具有最活跃、最顽强的求索精神。

为了寻求发展,必须打破陈旧观念,实现观念创新;必须打破过时的理论,在不断实践中实现理论创新。为了提高生产效率必须追求技术创新,为了追求工作效率必须实现机制创新、体制创新。

5. 不等不靠, 寻求突破

要结合实际, 充分发挥主动性和创造性, 不等不靠, 主动出击。有些工作可主动寻求突破, 有些需要协调的工作, 要坚持上下联动。

6. 永不满足, 积极进取

只有永不满足、积极进取才能实现真正的自我的跨越。他们以自己为镜子, 审视和映照自己, 积极进取, 自强不息, 超越自我。积极进取的精神秉承没有最好、永不满足于已取得的成就。这样的人在工作中积极创造成就, 实现自我超越; 更能带领企业谋求更大的发展, 拥抱更远大的发展目标。

4. 保持一双善于发现的眼睛

著名的画家罗丹曾经说:"生活并不是缺少美, 而是缺少发现美的眼睛。"同样, 生活并不缺少机遇, 而是缺少捕捉机遇的眼光。在当今社会的生活中, 我们要想成功, 必须具备敏锐的眼光, 洞悉世间万物, 主动出击, 取得成功。

要想做到成功地捕捉机遇, 首先必须发现机遇。生活中到处充满了无价的信息。社会上的每一项活动, 报刊上的每一篇文章, 人际中的每一次交往, 生活中的每一次转折, 工作上的每一次得失, 等等, 都可能给你带来新的感受、新的信息、新的朋友, 都可能是一次选择、一次机遇, 是一次引导你走向成功的契机, 问题在于你是否能发现每一次的信息和机遇。不要总以为机遇难寻, 其实机遇也许就在我们的身旁。

来顿·汤基德的伯父在利物浦经商, 他让来顿去自己的酒店工作。天气又闷又热, 来顿决定找个阴凉的地方坐一会儿, 等候驿车。

可是没过多久,来顿就枕着他的小包裹,在小河边的树阴下很快地睡着了。

不久,一辆华丽的四轮马车停在了他睡觉的前方。有一匹马的脚受伤了,车夫想让马歇一会儿。车里走出一位富商和他的妻子。他们看到了小河和睡在旁边的来顿。这位商人和他的妻子很富有,但是他们的儿子最近死了。他们看到英俊而健壮的来顿,于是决定叫醒来顿让他做他们的继承人。正在这时,车夫却招呼他们可以上路了。

马车的影子刚在远处消失,大路上走来了一位美丽的姑娘。她神采飞扬,步伐轻盈,她在小河旁停下来喝水,发现了睡在那里的来顿。"多帅的小伙子啊,睡得真香。"姑娘自言自语道。她痴痴地站了很久,但终于转身走了。

不久大路上走来了三个人,他们个个都是黑黑的脸孔,帽子被他们往下拉得差不多遮住了眼睛。他们是强盗,随时准备谋财害命。看见来顿睡在小河边,脑袋下还枕着一个包裹,于是他们决定在此动手。可就在此刻,一条狗从大路上跑到小河边来喝水。这三个人忽然停住了。

"注意!"为首的强盗说,"我们什么也不能干啦,狗的主人可能马上就到。"于是,三个人像来的时候一样,悄悄地走开,继续赶路。

这时来顿已熟睡了一个时辰,他翻翻身子,半睡半醒地坐了起来。这时候,驿车来了,来顿跳了起来。

"善良的人! 还有位子吗?"

"也许车顶上有!"车夫为难地回答道。

"好吧!"来顿已经顾不上许多,他三下两下就爬上了车顶。车夫重新催动了马车。马在大路上快速奔跑,来顿对他刚睡过的地方连回头瞧一眼都没有。他不知道幸运之神对他微笑过,几乎带给他巨大的财富和美好的爱情;他也不知道他在强盗的刀尖下,距离死神那么近——一切都发生在短暂的时间之内。

人生旅途中,每一分钟都可能有机遇之神降临,关键就看我们自己是

否睁开眼睛去发现，去观察，而不是像来顿那样沉沉地睡去，对来到身旁的机遇浑然不觉。

　　每个成功者的背后都有许多条交错往复的路，而机遇就像是每条道口旁的路标，指引着善于把握时机者踏入成功之途，而抛弃无所用心者于迷茫之中。享誉世界的经营奇才艾柯逊以善于经营而闻名。他是一个善于发现机遇的商人，尤其是他于1921年的波兰之行，使他从此走上自己光辉的人生之路。

　　有一天，艾柯逊在奥地利街头闲逛，忽然想要写点东西，于是信步走进一家文具商店准备买一支钢笔，但是一问价格，却令他大吃一惊，在美国同样只要3英镑的一支钢笔，在这里却被卖到了26英镑，之所以这么昂贵，是因为这些钢笔都是由德国进口的，而且数量有限。

　　若有所思的艾柯逊为自己的意外发现而惊喜，很快，他就对奥地利的市场进行了一番详细、周密的调查，结果更是令他兴奋不已。导致钢笔价格昂贵的根本原因是在当时全奥地利只有一家钢笔生产厂，由于战争的影响，生产能力有限，货源奇缺，物以稀为贵，钢笔价格自然居高不下。

　　艾柯逊当即决定，在奥地利投资办钢笔厂。他直接来到当时的维也纳政府，诚恳地游说："政府已经制定了政策，要求每个公民都得学会读书和写字，没有钢笔怎么能行？我想获得生产钢笔的执照。"他的要求很快得到批复。

　　艾柯逊立即开始筹划，焦急的他马上来到德国历史最悠久的钢笔名城，那里集中了许多著名的钢笔生产厂家，他们掌握着制作钢笔的秘密技术。艾柯逊花重金买通了一家工厂的一位技术骨干，还包括许诺新厂里的实际工作均由这位技术骨干主持。这位技术骨干又以到瑞典度假为名，召集了一批技术工人，悄悄来到奥地利。

　　各方面业务进展是如此顺利，连艾柯逊本人都不敢相信。早在他办厂之初，波方专家就预测，他最起码要用11个月的时间来建厂，次年才有可能正式投产，而且年产量最多不会超过100万支。但事实证明：这种预测对于艾柯逊而言是毫无道理的。因为他的工厂仅用 3 个月的时间就建成了，而且在投产后的 8 个月，产量就达到了 1 亿支。创造的利润在当年就达到了 100 万英镑。到了 1926 年，这个工厂生产的钢笔不仅满足了奥地利的市场，而且先后出口到美国、中国、土耳其等十余个国家。

正是依靠小小的钢笔，依靠他敏锐的思维和高效率的行动，在奥地利的土地上，艾柯逊赚取了上百万英镑，从此，他开始在世界商界声名鹊起。

"机遇钟爱那些头脑有准备的人。"一位大师这样说。艾柯逊明白抓住机遇就意味着成功起航，他正是凭借着敏锐的判断力和果断的决策抓住了一个个稍纵即逝的机会，在世界商界创造了一个又一个的奇迹。

拉丁美洲有一个民族认为，婴儿从生下来到生命终结，只 70 岁的寿命。因此，人生大事都必须在这 70 年内完成，70 岁以后的岁月则是上天赐予的，到那时才可以颐养天年。

俗话说："人生七十古来稀。"机不可失，时不再来。让我们每一个人都拥有一双慧眼，善于观察，发现机遇的灵光，创造自己辉煌的事业。

5. 按照事情的轻重缓急去安排生命

做事若没有章法，眉毛胡子一把抓，不能分清轻重缓急，这样绝不会把事物做得有条有理，达到圆满做事的目的。

在处理日常工作和生活的方方面面时，要分清哪个更重要，哪个更紧急。不要以为每个任务都是一样的，只要时间被忙忙碌碌地打发掉，就从心眼里高兴。

在紧急但不重要的事情和重要但不紧急的事情之间，你首先去办哪一个？面对这个问题你或许会很为难。

　　法国哲学家布莱斯·巴斯卡说："把什么放在第一位,是人们最难懂得的。"对有些人来说,这句话不幸而言中,他们完全不知道怎样把人生的任务和责任按重要性排列。他们以为工作本身就是成绩,其实不然。

　　不妨举一个例子。我们在学校学习的时候,最缺的是什么? 可能有许多人都有同感,我们最缺的就是钱。在这个时期,我们可以认为,对于我们的一生而言,学习对我们是重要的,但却不是最紧急的,而钱对我们是紧急的(我们会举出许多理由,如我们已经长大了,不应该再花父母的钱等等),但却不是最重要的,在这个十字路口,我们选择什么?

　　对这个问题,不同的人有不同的选择。有的选择弃学从商,有的依然选择在校学习。事实上,懂得生活的人都明白轻重缓急的道理,他们在处理一年或一个月、一天的事情时,懂得分清主次来安排自己的时间。

　　商业及电脑巨子罗斯·佩罗说："凡是优秀的、值得称道的东西,每时每刻都处在刀刃上,要不断努力才能保持刀刃的锋利。"罗斯认识到,人们确定了事情的重要性之后,不等于事情会自动办得好。你或许要花大力气才能把这些重要的事情做好,而始终要把它们摆在第一位,你肯定要费很大的劲。

　　在确定每一年或每一天该做什么之前,你必须对自己应该如何利用时间有更全面的看法。要做到这一点,你要问自己四个问题:

　　第一,为自己确立什么样的目标。我们每一个人来到这个世界上都肩负着一个沉重的责任,按目标前进。尤其对于青年来说,可能再过20年,他们每个人都有可能成为公司的领导、大企业家、大科学家。因此,我们要解决的第一个问题就是,我们要明白自己将来要干什么? 只有这样,我们才能持之以恒地朝这个目标不断努力,把一切和自己无关的事情统统抛弃。

　　第二,我需要做什么。要分清缓急,还应弄清自己需要做什么。总会有些事情是你非做不可的。重要的是你必须分清某件事是否一定要做,或是否一定要由你去做。这两种情况是不同的。非做不可,但并非一定要你亲自做的事情,你可以委派别人去做,自己只负责监督其完成。

第三，什么能给我最高回报。人们应该把时间和精力集中在能给自己最高回报的事情上，即他们会比别人干得出色的事情上。在这方面，让我们用巴莱托定律(80/20)来引导自己。人们应该用 80％的时间做能带来最高回报的事情，而用 20％的时间做其他事情，这样使用时间是最具有战略眼光的。

第四，什么能给我最大的满足感。有些人认为能带来最高回报的事情就一定能给自己最大的满足感，但并非任何一种情况都是这样。无论你地位如何，你总需要把部分时间用于做能带给你满足感和快乐的事情上。这样你会始终保持热情，因为你的生活是有趣的。

在确定了应该做哪几件事之后，你必须按它们的轻重缓急开始行动。大部分人是根据事情的紧迫感而不是事情的优先程度来安排先后顺序的，这些人的做法是被动的而不是主动的。懂得生活的人会按优先程度开展工作。

伯利恒钢铁公司总裁查理斯·舒瓦普曾会见效率专家艾维·利。会见时，艾维·利说自己的公司能帮助舒瓦普把他的钢铁公司管理得更好。舒瓦普承认自己懂得如何管理，但事实上公司不尽如人意，他说自己需要的不是更多的知识，而是更多的行动。他说："应该做什么我们自己是清楚的。如果你能告诉我们如何更好地执行计划，我听你的，在合理范围之内价钱由你定。"

艾维·利说可以在 10 分钟内给舒瓦普一样东西，这东西能使他的公司的业绩提高至少 50％，然后他递给舒瓦普一张空白纸，说："在这张纸上写下你明天要做的 6 件最重要的事。"过了一会儿，他又说："现在用数字标明每件事情对于你和你的公司的重要性次序。"这花了大约 5 分钟。艾维·利接着说："现在把这张纸放进口袋，明天早上第一件事是把纸条拿出来，做第一项。不要看其他的，只看第一项。着手办第一件事，直至完成为止。然后用同样方法对待第二项、第三项……直到你下班为止。如果你只做完第一件事，那不要紧，你总是做着最重要的事情。"

艾维·利又说："每一天都要这样做。你对这种方法的价值深信不疑之后，叫你公司的人也这样干。这个试验你爱做多久就做多久，然后给我寄支票来，你认为值多少就给我多少。"

整个会见历时不到半个钟头。几个星期之后，舒瓦普给艾维·利寄去一张 2.5 万元的支票，还有一封信。信上说从钱的观点看，那是他一生中最有价值的一课。5 年之后，这个当年不为人知的小钢铁厂一跃而成为世界上最大的独立钢铁厂，而其中，艾维·利提出的方法功不可没。

把一天的时间安排好，这对于你成就大事是很关键的。这样你可以每时每刻集中精力处理要做的事。但把一周、一个月、一年的时间安排好，也是同样重要的。这样做给你一个整体方向，使你看到自己的宏图，从而有助于你达到目的。

总之，无论做什么事都要有轻重缓急，这对你的一生至关重要。如此做出最恰当的决定、最合理的安排，生命才有意义。

第八章　美好的人际关系让你左右逢源

　　如何与人打交道，如何使人重视你，如何让别人同意你的想法，这是许多人面临的重大问题。无论你是推销员、商人、政府官员、工程师、教师或普通职员，这个问题都同样重要。让人接受你、重视你、同意并支持你的想法，是一个人成功的关键，人际关系是一笔巨大的财富，每一个想成功的人都应该努力去拥有它们。

1.你为什么人际关系不好

　　如果你与周围的人,关系处得不够好,你可以随便捡几个理由,说明你是如何清白无辜、责任全在他人。或许你的解释很有说服力,不过,《爱的能力》一书的作者艾伦·弗罗姆说:你应该想到的是,这种不良的人际环境,在很大程度上,是你自己制造的。

　　你对同事的言谈举止不屑一顾时,你就以所谓的清高与他们拉开了距离。尽管他们可能谈的的确粗俗,你有道理这样做。当你夸夸其谈,旁若无人地表现自己时,你的居高临下可能招来狂妄的绰号,尽管你确属于才华横溢之辈。

　　当你仰着脸语气生硬地待人时,你等于孤立自己了;当你竖起眉毛,瞪圆双眼时,你与他人的关系已陷入险恶了。不论你是否应该这么做,从结果上看,这都背离了你的愿望。

　　除非你躲入深山老林,独居尘世之外,否则,总要生活在亲戚朋友、同乡、同学、同事之中。这些人的性格脾气、志向爱好、学识趣味、品德才貌,一定是形形色色的。若是上帝复制十个你,和你一起工作,喝一个牌子的啤酒,发同样的牢骚,甚至爱同一个人,岂不很可怕吗?承认周围的人是由各种角色组成的,是成功处理人际关系的基本前提,你只能、而且必须与若干不同于你的人活在一起,这是你无法选择的,你只能面对这个现实。

　　你可以反感迪斯科,但你绝没有理由讨厌跳这类舞的人,你选择不看就是了;如果你能以优美的华尔兹、探戈舞步唤起他们的兴趣,做他们的教练,你就与他们贴近了。

　　这么一来,你在日常小事的处理中变不利为有利,你自己创造了和谐的人际环境。另外,你的期望值不能过高,你永远不可能让所有的人都说好。假如我们承认多数人是好人,能与多数人处好关系,我们的人际环境就是和谐的。

在我们的一生中,我们时常会因为太自高自大,或者太自惭形秽而得不到好的友情。

在演讲中,艾伦·弗罗姆讲过这样一个故事:

有一次,大风雪后,积雪满街,交通断绝。杰克他们公寓大楼中的煤用完了,食品杂货店的人没送货来,没有自来水,电梯也因故障而不动。从来没有交谈过的邻居们相互敲门,愿意接济食物、牛奶、唱片,等等。有个人家举行舞会,使大家兴致热烈起来。大家这才发现,大楼的管理员会弹钢琴。

当时杰克想:如果平时能有这种友好互助的精神,那幢大楼中每天的日常生活会多么生色!

你在旅行时当然可以冷然拒人于千里之外。但是,那种态度也会使你不能享受众人之乐。你如果看不到世人的内心,你就看不到世界。打开鞋盒让顾客挑选的女店员、街头值勤的交通协管、公共汽车司机、送水工,他们都是有个性的人,每个人都有一个丰富的内心世界。我们大多数人总是陷入刻板的生活,每天见同样那几个人,和他们谈同样的事。其实,和陌生人谈话,特别是和不同行业的人谈话,更能给你提供新的经验和感受。乡野的农人、偏僻地点加油站的机匠、抱着孩子的极为得意的女人,都可能带给我们衷心的愉悦,觉得世界上充满了生机。

我们许多人自觉没有什么可以给人,但是我们至少可以接受别人的盛情。如果我们不是熟视无睹,而是仔细看人,我们很可能从他的眼光中看到他心有疑难。如果看见车站上有一个女人在流泪,一个孩子眼露痛苦之色,或是一个外国人身在异乡、手足无措,我们上去询问和协助,就会给自己带来极大的愉快和满足。

艾伦·弗罗姆在课堂上还讲过这样一个故事：

一位如人乘火车西行，在中途一个荒野小镇停车时下车散步。这时东行的火车也抵站，两列车有很多的乘客在车站上悠闲踱步。她看到一个面带笑容的男子，两人便谈起话来，一同散步，火车鸣笛促乘客上车时，那男子说："我们也许从此不会再见面了。"他们握手道别，却登上了同一列火车！

其后许多年，他们互相通信，直到离世。两人所求者都不是恋爱，而是珍贵的友情。

问问你自己：你的知己中，有几个是经过正式介绍而认识的？杰克在一处海滩上认识的鲍尔德，就是他从水中走上来，杰克正要走下水去时认识的；柯维在纽约一家餐馆中遇到艾伯特，是他正在看一本当时极为畅销的书时认识的。

在这个世界上，有的人孤独，有的人忧郁，有的人快乐。在人生旅途中，每个人都需要朋友，需要友情。本来是陌生人，有一个人伸出手来，就成了朋友。在生活中，肯于主动伸出手来和别人交往的人，就能够获得更多的友谊和乐趣。

2.真诚待人方能获得友谊

奥格·曼狄诺在《世界上最伟大的推销员》一书中写道："现在我知道，生活不是由伟大的牺牲和责任构成的，而是由一些小事情，像微笑、善意和小小的职责组成的。尽可能每时每地地付出这些，并能够体察任何心灵，生活中最好的东西便是无微不至的关怀。善意的语言使人们的精神产生共鸣，由此产生美好的想象。"

从某种角度上来说，生活就是人与人之间的各种关系。别人能为你做些什么并不重要，重要的是你能为他们做些什么，以及你们彼此能够给予对方什么。

心理学家在评估一个个性完整的人应该拥有哪些美德时，很重视他向外接触以及与他人交往的能力。艾伦·弗罗姆说，无法与他人相处的人，在事业上十分不利，许多机会的大门都将对他关闭。这种人等于生活在自己一手建成的"监狱"中，封闭了自己的感觉，焚毁了他的能力。他的灵魂无法振翅飞翔：当他的情绪改变时，只会从这个监狱搬到另一个监狱。他无法跟大家相处，却又无法脱离人群而快乐地生活。如果他把自己关闭在一个"象牙塔"中，产生一种无法忍受的失落感。如果他和人群混在一起，他会觉得拘束，因而使他的关系不满足。某些人虽然身边挤满了人，却反而觉得自己是世界上最孤独的人。这是可以理解的：一个人和一位值得信任的朋友在一起时，他可以不必隐瞒自己的感觉，因而可以感受到更多的亲密；但在一个大聚会中，他却觉得自己必须戴上一个面具，因而感到寂寞。

能够建立起真正友谊的人，是一个很快乐的人。即使赚钱不多，也很满足，因为他能从甜蜜的人际关系中获得报酬。"友谊"这个词是人类语言中最温暖的一个字眼。

关于如何结交朋友的书籍，摆满了图书馆的书架。这些书籍有许多对你有很大帮助的建议，以及引导你更被人接受并善体人意的概念。

艾伦·弗罗姆非常赞同汽车大王亨利·福特的这样一句话："如果真有成功秘诀的话，那就是有能力获得别人的观点，应从他的角度和你的角度去综合判断。"你只要对别人发生兴趣，那么你可在两个月内交到更多朋友。

在《个性与成功生活》一书中，马格勒也提出类似的看法：

"我们要容忍、谅解以及去爱别人，而不是等待他们来服侍我们，更不

是给他们机会去表现他们的缺点，而是要我们自己积极主动地容忍别人和讨人喜欢。交朋友最重要的就是对我们的同伴表达大公无私的关切。以一项对别人友善及有益的计划来发展我们自己、我们的能力以及个性，会使我们的友谊更高贵。"

这些都是积极的观念。这些作者都很了解人性，他们的建议极具价值。

你可以学习更为善解人意，这是很好的美德；你也可以学习帮助别人，这对你也有助益。

当你在街上溜达的时候，可能会同一种动物不期而遇。它是谁？为什么素不相识却一见如故，十尺之内就向你摇尾巴？如果你拍拍它，它几乎会跳起来——让你相信它是由衷地喜欢你。而你也坚信在这热情的后面并没有危险：它不图你的钱财，也不要你同它订婚。

这时你是否想过：狗，是唯一不为三餐而付出劳动的动物？为了三餐，母鸡得生蛋，母牛要出奶，鹦鹉要唱歌。而狗只要给你友爱，就不必为三餐发愁。

卡耐基五岁时，父亲给他买了一只黄毛小狗，叫提比。它使卡耐基的童年十分快乐。每天下午四点半钟，它便坐在走廊上，一双美丽的眼睛逡巡着走道。一听到卡耐基的脚步声，它就欢快地跑到他的身边，高兴地又叫又跳。

提比，它从未读过一本心理学方面的书，它凭直觉就知道：最有效的结交朋友的窍门是对别人真心诚意地感兴趣。你要是真心地对别人感兴趣，两个月内你就能比一个光要别人对他感兴趣的人两年内所交的朋友还要多。

但是，却有不少的人毕生都错误地想方设法只使别人对他们感兴趣！

纽约电话公司曾经作过有趣的调查：在电话中哪一个词出现得最多。结果，他们吃惊地发现，在500个电话谈话中，使用了3950次的词竟是第一人称的"我"。

风靡世界的魔术大师华哲斯顿从未上过一天学,从小靠从铁路旁的标牌上学会识字。但他前后 40 年在世界各地为 6000 万名观众演出,获得了巨大的成功,被公认是魔术师中的魔术师。华哲斯顿先生曾这样介绍他成功的秘诀。他说,他懂得的魔术手法跟其他同行一样多,并没有什么特别。但他有两样东西却是别人所没有的:一是他能在舞台上把自己的个性显示出来,二是他了解人类的天性——喜欢别人对自己感兴趣。他说:"许多魔术师会看着观众对自己说,'瞧,台下一群傻子,略施小技就可以把他们骗得晕头转向。'而我上台前总对自己这么说:'我很感激,这么多人来看我的表演,是他们给我提供了一种我所喜欢的生活。我要用最大的热情和最高明的手法来满足他们的期望。'"信不信由你,这就是有史以来最受观众欢迎的魔术师的成功秘诀。

同样,哈佛大学校长查尔斯·伊里特博士之所以能成为一个杰出的大学校长,也是因为他无限地对别人尊重、感兴趣。

一天,一个名叫克兰顿的大学生到校长室申请一笔学生贷款,被批准了,克兰顿万分感激地向伊里特道谢。正要退出时,伊里特说:"有时间吗?请再坐一会儿。"接着,学生十分惊奇地听到校长说:"你在自己的房间里亲手做饭吃,是吗?我上大学时也做过。我做过牛肉狮子头,你做过没有?要是煮得很烂,这可是一道很好吃的菜呢!"接下去,他又详细地告诉学生怎样挑选牛肉,怎样用文火焖煮,怎样切碎,然后放冷了再吃。"你吃的东西必须有足够的分量。"校长最后说。

了不起的哈佛大学校长!有谁会不喜欢这样的人呢?

艾伦·弗罗姆说:"如果你想要别人欢迎你,你就该记住一个信条:对别人真诚地感兴趣。"

3. 要想收获更多,唯有给予最多

《爱的能力》一书的作者艾伦·弗罗姆说:当你与别人分享你的喜悦时,你并没有帮任何人创造出一个监狱,你只是给予,你甚至不期望对方的感情,因为你的给予并不是想要得到任何东西,甚至连感激都不想得到。你之所以给予,是因为你太充满了,所以你必须将它给出去。

所以如果有人感谢你,你也会感谢那个人,因为他接受了你的爱,他接受了你的礼物,他帮助你卸下了你的重担,他允许你将爱的礼物洒落在他的身上。

你分享的越多,给予的越多,你就拥有的越多,这样它才不会使你成为一个吝啬的人,才不会使你创造出一个新的恐惧说:"我或许会失去它。"

事实上,当你失去的越多,就会有更多新鲜的水从那个你从来不知道的源泉流出来。

应该毫无疑问地相信:你一定无法找到一位慷慨施予,但却不受人欢迎的人物;也一定无法发现一位刻薄、自私、吝啬可是却被人们普遍欢迎的人。

受人欢迎往往是在一个慷慨施舍以后,所必然会有的附带产物。那些肯大力布施、肯慷慨奉献、肯广结善缘的人物,往往会获益无穷、受益匪浅。

有一位很成功的房地产商人就是这样做的,他同时拥有三幢办公大楼。

一般的房地产商人都会在圣诞节即将来临时,送一些礼物给他们的房客,通常是五分之一或五分之二加仑的酒类,表示一点意思。

这位商人却有一种与众不同的做法。他认为每一位房客都是有不同身份、不同背景的人物。他总会不时地送上一些极不寻常的礼物,这些礼物花费不多,可是却颇具功效。

有人曾为此向他请教:"山姆!你认为送的礼物能抵回租金吗?"山姆不假思索地回答说:"这些房客的确是本镇最忠实的房客了。他们一旦租了我的办公室,就舍不得退租,我的办公室永远也不会有空下来的时候。我的租金要比别人高出一些,然而还是一直供不应求,一切只为了我很喜欢他们的缘故。"

可能有人会挑剔说:"喔!山姆先生是一位百万富翁啊!当然负担得起这种慷慨施予的。"但是,山姆先生的慷慨,并不是他有了财富以后的结果,而是他所以能获得财富的原因。

几个月以前,大卫·史华兹的时间表上排定,仅有90分钟之隔,要分别到亚特兰大市与田纳西州的度假地演讲,这简直让他分身无术。但他未能及早发现这项错误,直到时间已经很紧迫了,只得接洽一架包机才能赶到。他当即决定去拜访他的朋友古恩先生,因为他拥有私人飞机,而且跟两家包机公司很熟。

大卫·史华兹开门见山问古恩先生:"两家包机公司之中,要推荐哪一家?"他毫不犹豫地说:"古恩航线。"这真是一项非常大的人情负债,因此大卫·史华兹试图推辞。但是不管怎样,古恩先生就是不听,一直坚持要帮忙。他真的驾驶自己的飞机,把大卫·史华兹很顺利地载到目的地,而且没有要史华兹一分钱。

古恩先生一直在做这种"很难得"的傻事。他会把非常热门的足球比赛入场券赠给想看球赛的人;他经常从老远的地方收购别致、特殊的礼品来馈赠朋友。

他这样做是否值得呢?回答是肯定的。古恩先生在他所从事的行业中赫赫有名、他的企业是全国最佳企业之一;而慷慨馈赠的做法,正是他

所以能获得成功的关键因素之一。

艾伦·弗罗姆说："要想多得到一些收获是人类本性的自然现象，而且也是很正常的。但是如果能采取倒向式的做法——像大部分有成就的人所遵循的'先施予，后收获'的做法，那就更为难能可贵了。"

4.让我们摒弃影响人际交往的不良性格

人际关系是一种建立在心理接触基础上的社会关系，一个人的心理健康水平直接影响人际交往的功效。如果一个人在认知、情感以及性格方面都存在障碍，这必然会给他的人际关系带来负面影响。

人际交往中的认知障碍是指由于认识上的分歧而产生的人际排斥，如不能客观地评价自己就会形成自卑和自负的自我认知。情感障碍是指在人的消极情感支配下（如冷漠、嫉妒、悲观、自恋）产生的人际排斥。性格障碍则是由不良性格（如自私、贪婪、虚伪、阴险等）引起人际间的排斥。由于这些心理障碍导致了人际交往中不良心理的产生，从而影响良好人际关系的建立。所以要建立良好的人际关系，我们就必须克服这些性格弱点和不良心理。

我们要克服自卑。自卑是一种过低的自我评价和消极的情绪情感体验。有自卑感的人，并不一定就是他本人具有某种缺陷或不足，而是他不能悦纳和肯定自己。一个人形成自卑心理后，从怀疑自己的能力到不能表达自己的能力，从怯于与人交往到孤独自我封闭，往往会形成不良的人际关系。反过来更加深了一个人的自卑感。个体自卑感的形成，不仅会由于生理上的缺陷引起，还会是社会环境长期影响的结果。也就是人面对现实社会和生活产生的种种不完美和不理想感产生的。比如，感到自己的相貌、身材不符合社会审美标准,或在家中经常受到父母的训斥,经常受到挫折或惩罚等。特别是童年时代的经历与创伤所造成的自卑感持续时间最长,影响也最大。但童年时代的经历与创伤并非使所有人都产生自卑感,个体的性格特征,如内向、孤独、偏执以及追求完美等是形成个体自卑感的主观原因。心理学家阿德勒认为,每个人都会有自卑感,但不同的人有不同的选择:其一是自惭形秽,被自卑压倒,在忧郁的情绪中越陷越深而不能自拔,形成恶性的自卑情绪。其二是刺激起相当强烈的反抗心理,急于改变自卑的地位,不顾他人的利益,极端自私,形成专注于自我的狂热的优越情结。这是和极端的自卑者完全相反的人格类型。由于他缺乏社会责任感和合作精神,往往也遭到失败的结局。其三是正视自己的自卑,在现实和兼顾他人利益的基础上,追求自我满足与实现。这不仅是对自卑的克服也是对自卑的超越。按照阿德勒的观点,自卑并不可怕,而如何看待自卑才会决定人生未来的道路。所以,正视自己的不足,经常肯定自己的长处,以乐观的态度对待自己和生活,是克服自卑感所必需的。

我们也要克服妒忌的心理。和自卑一样,嫉妒的根源也在于缺乏自信心,因为嫉妒本来是一种着眼于他人的心理活动,嫉妒心理表明:你由于别人的行为造成自己精神上的不快,所以嫉妒恰恰是一种自我贬低。如果把自己同其他人加以比较,并因此认为自己得到的爱比他人少,那么他就是将他人看得比自己还要重要,他是在通过别人衡量自己的价值。所以说,嫉妒在本质上恰恰是一个人缺乏自信的表现,是一种不良的心理状态。

在生活中,我们常常看到这样的情况,自己不如别人,比如自身条件、家庭环境等。表面上不说,却在心里恨得不行,并且在背后砥毁他人。对这种嫉妒,培根是这样论述的:"嫉妒者往往是自己没优点,又找不到别人的缺点,因此,他只能用破坏别人幸福的办法来安慰自己。"嫉妒是痛苦的制造者,是一种非常狭隘又很危险的情感。强烈的嫉妒心可以让人妒火中烧,失去理智,对他人采取造谣、中伤甚至更极端的做法,来达到心理的

平衡,最终害人害己。

1991年11月1日,中国公派留学生卢刚在美国爱荷华大学枪杀中国留学生山林华和四位美国教授后自杀。卢刚出国前是北京大学物理系的高材生。山林华比卢刚晚两年来到爱荷华大学,他俩的学习成绩都非常优秀,参加博士资格考试时并列第一,各门功课全是 A,卢刚获得的高分还打破了爱荷华物理系的历届记录。但山林华的博士论文更受学术界赞扬,并且比卢刚提前半年拿到了学位并且顺利地留校工作。这一切都让卢刚心怀不满,山林华的一帆风顺和他的屡屡受挫最终让他对山林华和学校的教授下了毒手,制造了一起震惊中外惨不忍睹的悲剧事件。卢刚事件再一次告诉我们,一个人智商再高,学习再好,但若没有健康的心理,无论对己还是对社会都可能是一种潜在的危险。卢刚的例子是极端的,对于大多数人来说,嫉妒只是一种消极的心态。在这种心态中一个人首先迷失的是自己,看不到别人的长处更看不到自己的优点。

从表面上看,嫉妒是对他人的否定,而在内心深处,嫉妒恰恰是对自己的一种否定,因为嫉妒的根源是自卑。

因此,嫉妒首先是影响同事之间交往的一种不良心理,它使你在心理上排斥他人,因而在行为上使你不能与他人友好相处。另外嫉妒也是痛苦的制造者,它在各种心理问题中是对人伤害最严重的一种。一个人之所以会产生嫉妒心,根源在于缺乏自信。而摒弃嫉妒心,首要的就是要树立自信,即不要自我贬低,不要总把别人和自己比较,并且通过别人来衡量自己的价值。你就是你,要接受现在的你,一个人的价值不是因为你自身条件的优劣,而是因为你的存在本身。另外,在与别人的交往中,嫉妒只会让你失去,失去别人对你的尊重,对你的信任,也失去自己。而承认自己的不足,承认某一点别人比自己强,在交往中,你获得的反而会比失去的多。因此,与别人同忧愁共欢乐,是克服自卑树立自信,从而从根本上摒弃嫉妒这一不良心理的最简单可行的方法。

我们还需克服多疑的心理。多疑心理表现为对人对事易于毫无根据地乱起疑心。大凡猜疑心强的人,往往仅凭自己的主观臆测主观想象来以己度人,而事实证明他们的想法多是错误的。如中国古代的"杯弓蛇影"和"疑人偷斧"的例子就是最好的说明。多疑往往来自内心的自卑,当别人称赞你的时侯,你却在内心想,他一定是在恭维我或他心里才不是这样想的呢?当一个人在屋子里喊了一声"傻瓜"的时侯,你会马上想,这会不会是在影射我,而当别人找你干件事时,你一定会想,他这是不是在利用我等等。

多疑最根本的是由于内心的悲观情感造成,艰苦的环境或过多的挫折使他们在内心深处认定人性是虚伪和丑恶的,在这种思想的支配下,他们总是处处小心,防范别人,戒备心很强,可以说总处在一种自我防御的状态下。内心非常紧张、孤独,久而久之。便显得与周围环境格格不入,人际关系就会出现麻烦。

多疑的人也是私心较重的人。他们在与人交往时,之所以多疑,除了性格缺陷外,更重要的是总担心自己吃亏,功利性较强,会患得患失,忧心忡忡。古人云:"心底无私天地宽。"一个人因不相信别人而拒绝交往,或因不相信别人而以假对假。他得到的决不会比失去的多,多疑是一种消极的心理状态。在这种心理的支配下,在行为上他们必然是犹犹豫豫,瞻前顾后,或畏首畏尾。由于他们在内心认定了人性的虚伪,所以在与人交往时也必然不能坦诚相见,而是投石问路,或虚情假意,或斤斤计较,给人留下不好的印象。所以,多疑是影响人际沟通和理解的一大障碍。因此,在人际交往中,自信信人,自爱爱人,以及站得高看得远是克服多疑心理的重要方面。

要树立良好的人际关系,我们还需要克服偏见。一个人对自我和他人认识上的偏见,是导致交往失败的主要因素之一,这种认识上的错误,既包括认识上的主观性,也包括认识上的片面性等。因此这就需要我们做到以下两点。

首先,客观全面地评价自己,拥有正确的自我认知。

一个人只有在认识层面客观全面地评价自己,才会在情感上接受肯定自己。世界上没有一个人是完美的,每个人都有自己的限制和不足,只有接受自己的限制与不足,接受现在的你,并不断肯定自己,你才有能力在未来创造一个更完美的自我。

其次,客观全面地评价他人,具有正确的社会认知。

当一个人不能客观地了解和评价自己时,就会形成自卑感或自傲等认知偏差,而当他又从认识上的"首因效应"、"晕轮效应"去评价他人时,一定会形成与实际并不相符的印象。这种认知上的偏差,往往导致人际交往中的简单化、情绪化以及主观性强等特点,从而在人际交往中没有安全感,对别人产生信任危机、多疑等不良心理。所以,站在客观的角度正确认识自己和他人,不以一时也不以一事轻易作出肯定和否定的结论。在与他人交往时,尽可能使我们对人的主观印象与客观实际相符,这样才能正确对待他人,唤起对方积极的反应,保证交往的正常进行。

总之,人生总是顺利与挫折、成功与失败、幸运与不幸、获得与丧失等交织在一起的聚合体。积极的处世态度会让人不断地发现自身和生活中快乐和美的一面,让人以一种主动的方式与人交往。坦诚相待、充满信心,你终究会获得美满的人际关系这笔巨大的人生财富。

5. 做一个受人欢迎的耐心倾听的人

在《圣经》中讲述了这样一个情节:耶稣被准备逼他入陷阱的喧闹群众所包围,始终一言不发。那就是良师要学的第一课。那些不鲁莽发表意见的,通常是最值得信赖的。那些停下来耐心地聆听的人,一旦提出建议,就一定是最好最佳的。

耶稣没有说话,代之以跪下用手指在地上写字。直至今天没有一个人知道他写什么。经典电影《万世之王》里，耶稣所写的，是那群围绕着他的自以为是的卫道之士们所犯的一系列罪行。但我们可以肯定耶稣必然是停下来聆听、思考、祷告、冷却群众的情绪，并在开始表态之前，先确定自己的态度。

《圣经》里说："上帝赐给我们两只耳朵、一个嘴巴，就是要我们少说多听。"和凡事不留心、注意力散漫的人相处，是一件令人非常不愉快的事情。

如果你处在这样的境地，就等于是对方在侮辱自己。很显然，对任何人而言，被侮辱都是很难忍受的！无论你是谁，当你在面对你认为值得注意的人时，都应该精神集中，全神贯注地去应对。同样，当别人以一种高度的热情和专注与你谈话时，你也一定要以同样的专注去面对他。当你和一个心不在焉的人在一起时，就好像他在暗示你，认为你是一个不值得注意的人。退一万步讲，即使对方对你的这种漫不经心不去计较，也就是说你的这种举动不会造成对他人的伤害，但是，你注意力如此松散，对你个人仍然毫无益处。因为如果你是一个注意力集中的人，你本来可以仔细地观察和你在一起的人的人格、态度，甚至是当地的习俗的，但由于你的散漫，却导致你一无所获。也就是说，这样的人即使能够一辈子和许多伟人相处（这种假设当然不会成立），他也无法从这些伟人身上获得丝毫的教诲。一个无法集中精神、投入全部精力去做该做的事情的人，是无法完满地去完成一项工作的，这样的人也无法成为你永久的知心朋友。

如果你想成为一名优秀的谈话家，就请做一个注意听话的人。正如本杰明·富兰克林所说的："要令人觉得有趣，就要对别人感兴趣。"提出别人喜欢回答的问题，鼓励他谈谈他自己和他的成就。

一个成功商业性会谈的秘密是什么呢？根据本杰明·富兰克林的说法："成功的商业性交谈，并没有什么神秘……专心地注视着对你说话的人，是非常重要的。再也没有比这么做更具恭维效果了。"

辛格曼·弗洛伊德要算是近代最伟大的倾听大师了。一位曾遇到过

弗洛伊德的人,描述着他倾听别人时的态度:"那简直太令我震惊了,我永远都不会忘记他。他的那种特质,我从没有在别人身上看到过,我也从没有见过这么专注的人,有这么敏锐的灵魂洞察和凝视事情的能力。他的眼光是那么谦逊和温和,他的声音低柔,姿势很少。但是他对我的那份专注,他表现出的喜欢我说话的态度——即使我说得不好,还是一样,这些真的是非比寻常。你真的无法想象,别人像这样听你说话所代表的意义是什么。"

富兰克林说,跟你谈话的人,对他自己、他的需求和他的问题,更感兴趣千百倍。他对自己颈部的疼痛,比对非洲的四十次地震更感兴趣。当你下次开始跟别人交谈的时候,别忘了这点。因此,如果你要别人喜欢你的话,请记住这条规则:"做一个好的听众,鼓励他人谈论他们自己。"

6.用微笑去赢取成功的资本

奥格·曼狄诺在《世界上最伟大的推销员》一书中写道:"我微笑,无论对朋友还是对敌人,并努力发现他们身上值得赞扬的品质,因为我认识到人类出于天性深深地向往着赞美。而事实上,我们每个人都有值得称赞的地方,我要做的就是表达出那来自内心的赞美之声。赞扬、微笑、表示关切,我们既是付出者,也是受益者,为别人带来美好的生活,也为自己创造着奇迹。微笑是我能够赠与别人的最为廉价的礼物,却具有震撼人心的力量。那些受我称赞的人,也会在我身上发现他们以前忽视了的优点。"

在生活中,经常微笑是非常重要的,奥格·曼狄诺认为微笑的影响力能够超越一切资本。

有一个软件工程师因为升职不成,老板要求他做工作检讨。他问老板为什么不能升他。

老板回说:"因为你缺乏团队精神。"

职员吃惊地问道:"怎么会呢? 我一向很尽忠职守啊!"

老板回答得很离谱:"但是我发现你在公司的团体大合照里没有笑。"

你以为这是一则笑话? 错了,这是一则发生在美国的真实故事,而这个千真万确的例子正巧被《呆伯特法则》的作者史考特·亚当斯知悉,他把这个荒谬的剧情画进他的漫画里。而史考特的《呆伯特法则》,由于写实地反映了现代办公室的底层真相,在出版的当年,就成为美国上班族最热烈讨论的话题之一,并盘踞畅销书排行榜长达一年之久。奥格·曼狄诺也非常喜欢阅读这本书,站在繁忙的街头,注意来往行人的表情。

有多少人在笑? 有多少人看上去快乐满意? 我们的国家几乎成了机器人的王国,大家像盲蚁一样,匆匆忙忙,跑来跑去,担心这个,烦恼那个。真想对笑来一次统计,看看每人每天笑过多少次。

我们不是很愚蠢吗? 摇摇晃晃地把整个世界扛在肩上,还要皱着眉头,增加不必要的皱纹。忧郁的情绪可能置人于死地。詹姆士·沃尔什博士曾经说:爱笑的人平均寿命比不爱笑的人要长。很少人知道健康与笑容有关。

我们不但忘了怎样笑,而且忘了笑的重要性。古人深知其理,甚至在吃饭时,还要让小丑表演逗笑,以助消化。

奥格·曼狄诺说:"我不知何谓成功,但我知道失败是什么。失败就是想要讨每个人的欢心。如果你打算博得所有人的喜爱,而你已经忘了如何嘲笑别人和自己,那么现在是改变一下自己的时候了,别把别人和自己看得过重。你虽然是造物主最伟大的奇迹,但也千万别把自己弄得面无笑容。"

希尔顿旅馆是先以微笑冠于全球,而后才以旅馆规模居环球第一的。

希尔顿于1887年生于美国新墨西哥州,其父去世之时,只给年轻的希尔顿留下了2000美元遗产。希尔顿加上自己的3000美元,只身去得克萨斯州买下了他的第一家旅馆。当旅馆资产增加到5100万美元的时候,他欣喜而自豪地告诉了他的母亲。但是,其母却淡然地说:"照我看,你跟从前根本没有什么两样,不同的只是你已把领带弄脏了一些而已。事实上你必须把握比5100万元更值钱的东西。除了对顾客诚实之外,还要想办法使每一个住进希尔顿旅馆的人住过了还想再来住,你要想这样一种简单、容易、不花本钱而行之可久的办法去吸引顾客。这样你的旅馆才有前途。"希尔顿听后,苦苦思量母亲严肃的忠告:究竟什么"法宝"才具备母亲所指示的"一要简单,二要容易做,三要不花本钱,四要行之可久"这四大条件呢?终于希尔顿想出来了:"这个法宝一定是微笑。只有微笑具有这四大条件,也只有微笑能发挥如此大的影响力!"于是希尔顿订出他经营旅馆的三大信条:信心,辛勤,眼光,他要求员工照此信条实践。他也要求员工,即使如何辛劳也必须对旅客保持微笑。他确认:微笑将有助于希尔顿旅馆世界性的大发展。

从1919年到1976年,希尔顿旅馆从一家扩展到70家,遍布世界五大洲的各大都市,成为全球最大规模的旅馆之一。57年来,希尔顿旅馆生意如此之好,财富增加得如此之快,其成功的秘诀之一,实赖于服务人员"微笑的影响力"。希尔顿旅馆总公司的董事长,89岁高龄的康纳·希尔顿在这50多年里,不断到他分设在各国的希尔顿旅馆视察业务。他每天至少与一家希尔顿旅馆的服务人员接触。他向各级人员(从总经理到服务员)问得最多的一句话,必定是:"你今天对客人微笑了没有?"

奥格·曼狄诺说:"一个人可以没有资产,可以没有后台,只要有信心,有微笑,就有成功的希望!"

第九章 掌控情绪方能掌握人生

　　情商是人一生重要的生存能力,是一种发掘情感潜能、运用情感能力影响生活各个层面和人生未来的关键的品质因素。一个人在社会上要想获得成功,起主要作用的不是智力因素,而是情绪智能,前者占20％,后者占80％。实际生活中,高智商并不意味着高成就,收入高也并不意味着生活品质高。一个人的情商所具有的巨大潜力是他获得成功和幸福的最大秘密。

1. 别让情绪成为你工作的阻碍

　　善于处世需要良好的心理素质是人所共知的道理，一个人是否能控制自己的情绪，使之适应不同办事对象、办事环境也很重要。

　　处险而不惊，遇变而不怒。如果你不能及时控制调整自己的情绪以适应办事的需要，那么你在今天这样复杂的群体中就没法办事。

　　学会控制自己的情感、自己的行动，这在办事中是很重要的。在门被砰然地关上，玻璃杯被砸碎，一阵咆哮声以后；在被人无情地冒犯之时；当我们在办事时犯了一些不该犯的错误之时，我们的情感如何呢？

　　你是否会动辄勃然大怒？你可能会认为发怒是你生活的一部分，可你是否知道这种情绪根本就无济于事？也许，你会为自己的暴躁脾气辩护说："人嘛，总会发火、生气的。"或者是"我要不把肚子里的火发出来，非得憋出溃疡病来。"尽管如此，愤怒这一习惯行为可能连你自己也不喜欢，更别说别人了。同其他所有情感一样，这是你思维活动的结果。它并不是无缘无故地产生的。当你遇到不合意愿的事情时，就认为事情不应该是这样的，这时开始感到灰心，尔后，便是一些冲动的相伴动作，这总是很危险的，对办事者来说，它并没有什么好结果可言。

　　痛苦的感受会侵蚀掉我们的自尊。

　　我们也许会在早上起床时觉得自己像是个百万富翁，但有时候，只需花一秒钟的时间，一个不赞成的、一个轻视的表示，或想起过去失败的一件事，就可以使我们一念之间觉得自己一文不值。

　　我们也许有洞察力，先见之明，后见之明。然而只要有人碰触到我们敏感的枢纽，或是悲剧发生，这些都会在一瞬间逃得无影无踪。这时我们的每一根纤维就会充满了感情，把所有理智的声音都淹没掉。

我们之中绝大多数人都很熟悉下面这些症状：麻木、失眠、疲倦、沮丧、叹息、太多的事要做，但没有兴趣做它们，以至做事没有条理、悲伤、失去热忱、寂寞和空虚。

令人感到欣喜的是，虽然我们不能防止坏的感受来临，但我们却能阻止它们停留下来。

《你的误区》的作者韦恩·戴埃说："你应对自己的情感负责。你的情感是随思想而产生的，那么，你只要愿意，便可以改变对任何事物的看法。"

"首先，你应该想想：精神不快、情绪低沉或悲观痛苦到底有什么好处？尔后，你可以认真分析导致这些消极情感的各种思想。"

一位演讲人站在一群嗜酒者面前，决心向他们清楚地表明，酒是一种绝无仅有的邪恶之源。

在讲台上摆着两个相同的盛有透明液体的容器。演讲人声明一个容器中盛有清水，而另一个容器则装满了纯酒精。

他将一只小虫子放入第一个容器，在大家的注视下，小虫子游动着，一直游到了容器边上，然后径直爬到了玻璃的上沿。这时他又拿起这只小虫子，将它放入盛有酒精的容器。大家眼看着小虫子慢慢死掉了。

在我们办事的过程中，愤怒、沮丧就像酒一样，它可以使我们即将要办的事儿功亏一篑。

我们可以这样设想：当一个人无意中触痛了你的敏感之处，你就不假思索地乱喊乱叫，人家对你的印象还会好吗？当人家同意你的一个问题时，你就高兴得张牙舞爪，他们对你的印象还会好吗？——也许他们认为你太幼稚了。

麦克科迈克说过这样一个例子：

一个星期六的上午，麦克科尔克去会见 S&S 公司主管。约见地点是主管的办公室。主管事先说明谈话会被打断 20 分钟，因为他约了一个房

地产经纪人。他们之间关于该公司迁入新办公室的合同就差签字了。由于只是个签字的手续，主人允许麦克科迈克在场。

这位房地产经纪人带来了平面图和预算，很明显已经说服了他的顾客，就在这稳操胜券的时候，他做下一件蠢事。

这位房地产经纪人最近刚刚与S&S公司主管的主要竞争对手签了租房合同。他大概是兴奋，仍然陶醉在自己的成功之中，开始详细描述那笔买卖是如何做成的，接着赞美那个"竞争对手"的优秀之处，称赞其有眼力，很明智地租用了他的房产。麦克科迈克猜想接下去他就要恭维这位公司主管也做出了同样的决策。

公司主管站了起来，谢谢他做了这么多介绍，然后说他暂时还不想搬家。

房地产商一下子傻眼了。当他走到门口时，主管在后面说："顺便提一下，我们公司的工作最近有一些创意，形势很好，不过这可不是踩着别人的脚印走出来的。"

房地产经纪人在关键时刻忘了对方，只顾着欣赏自己已取得的推销成果，而忽略了买方也有其做出正确抉择的骄傲。

可见，学会控制自己的感情行动，这在处世中是很重要的。尤其当你在被人无情地侮辱之后，你是否会动辄勃然大怒？你可能会为自己开脱认为发怒是生活的一部分，甚至会为自己的暴躁脾气辩护："非得憋出病来。"尽管如此，可能你自己也不喜欢生气这种行为，更何况别人呢？

因此，不论在与人交往的过程中发生了什么不如意的事，都不要轻易发作，一旦你发作出来，无论对人对己，都不会有好结果。所以要控制你的情感！也许这对绝大多数的人来说不那么容易，但我们却有必要这样做，因为这是你处世成功的必要心理基础。

2. 得失不必挂心上

生活中不顺心事十有八九，要做到时时顺心，就要做到乐观豁达，不愉快的事让它过去，得失不放在心上。

每个人本来都具有充沛的精神活力，但因为某些心理压力，如紧张、失败、挫折等等，渐渐形成情绪问题。有时反应暴躁，有时反应冷淡，导致心灰意懒，半途而废。为了避免半途而废，培养积极的生活态度，一定要学习忘怀之道。忘怀之道，可以使我们真正放下心中的烦恼和不平衡的情绪。让我们在失意之余，有机会喘一口气，恢复体力。

脑子的作用，不只是帮助我们记忆，更是帮助我们忘怀。应时时刻刻排解多愁善感的情绪，把恼人的往事放在一边，不要让自己被种种纷扰所困，而要让愉快的心情时时陪伴自己。只有这样，我们才有好的精神和体力去生活，去工作。

乐人之乐，人亦乐其乐；忧人之忧，人亦忧其忧。

乐于忘怀是一种心理平衡。有一句话说得好：生气是拿别人的错误惩罚自己。老是念念不忘别人的坏处，实际上深受其害的是自己的心灵，搞得自己狼狈不堪，不值得。乐于忘怀是成功人士的一大特征，既往不咎的人，才可甩掉沉重的包袱，大踏步地前进。

要把惨痛的往事忘怀，是一件不容易办到的事情。比如某人算计你，使你无法加薪，失去升职的机会，此刻，你见之恨不得剥其皮，抽其筋，戮其肉，剁其骨，叫你如何忘怀呢？托尔斯泰说："我们能够爱恨我们的人，但无法爱我们恨的人。"爱是生命的动力，恨也可以成为生命的动力。向所恨之人报复，而不是忘怀，也可以激人奋发图强。文王姬昌、越王勾践就是因恨而建立国家的成功典型。

我们生活在现在,面向着未来,过去的一切,都被时间之水冲得一去不复返。我们没有必要念念不忘那些不愉快,那些人间的仇怨。念念不忘,只能被它腐蚀,而变得心中充满了怨恨,甚至导致精神崩溃,而陷自己于疯狂。

做人,不但要忘怀不愉快的往事,也要放下沾沾自喜自鸣得意的情绪,那些情绪,往往陷你于虚妄之中。从心理学角度看,无论你惦记的是快乐的往事或悲愁憎恨,长期生活在过去的记忆里,就要与现实生活脱节。它会严重威胁心理健康和心智的发展。

忘怀,它是忙碌的树阴。它让我们在燥热疲倦时,有机会休息,使活力恢复过来。然而,怎样才能忘怀呢?只有一个方法:放下。

康德是一位懂得忘怀之道的人,当有一天发现他最信赖又依靠的仆人兰佩,一直有计划地偷盗他的财物时,便把他辞退了。但康德又十分怀念他。于是,他在日记上写下悲伤的一行:"记住要忘掉兰佩。"真正说来,一个人并不会那么容易忘掉伤心的往事。不过,当它浮现出来时,我们必须懂得不陷入悲不自胜的情绪,必须提防自己再度陷入愤恨、恐惧和无助的哀愁里。这时,最好的方法就是扭转念头去专心工作,计划未来,或者去运动、旅行。

学习忘怀之道,让许多愤恨的往事放下,日子久了,激动情绪也就越来越少,心灵和精神的活力得以再生,恢复了原有的喜悦和自在。

有时候,我们的悲伤和内疚是因为自己做错事而引起的,这时可以用补偿的方法,来帮助忘怀。例如用诚恳的道歉,或者用其他方法补救,使自己身心保持平和。

一个人如果学会了忘怀之道,不愉快的心情自然消失,代之而起的是朝气蓬勃的新生,成功将向你再度发出耀眼的光辉。

3.用美好的心灵去消除不好的情绪

别受情绪影响,调整态度,抛开坏心情,让自己有个新的心境。也就是说,你要学会用自己的心灵弥补天气的不足。

关紧门不跟人说话,嘟着嘴生闷气,锁着眉头胡思乱想,结果心情更坏、更难过,人在心情不好的时候会不自觉地把坏心情抱得更紧。所以,人要学习放下心情,拒绝让它折磨才行。

想要有个好心情,就要从坏心情中解脱,从烦恼的死胡同中走出来。请注意,肯放下心情的包袱,好好检视清楚,看看哪些是事实,把它留下来,设法解决。哪些是垃圾,是给自己制造困扰的想法,要狠下心来,把它抛开,这就能应付自如,带来好心情和清醒的头脑。所以,任何人都应学会放下,学会割舍。

谈到放下与割舍,在《星云禅话》中有一则故事,讲得很生动、很具启发性。这故事大略是,有一位旅者,经过险峻的悬崖,一不小心掉落山谷,情急之下攀抓住崖壁下的树枝,上下不得,祈求佛陀慈悲营救,这时佛陀真的出现了,伸过手来拉他,并说:"好!现在你把攀住树枝的手放下。"但是旅者执意不松手,他说:"把手一放,势必掉入万丈深渊,粉身碎骨。"

旅者这时反而更抓紧树枝,不肯放下。这样一位执迷不悟的人,佛陀也救不了他。坏心情就是紧抓住某个念头,死死握紧,不肯松手去寻找新的机会,发现新的思考空间,所以陷入愁云惨雾中。

其实,人只要肯换个想法,调整一下态度,或者更动一下作息,就能让自己有新的心境。只要我们肯稍作改变,就能抛开坏心情,迎接新的处境。

有个女人习惯于每天愁眉苦脸,小小的事情似乎就引得她烦躁不安、心情紧张。孩子的成绩不好,会令她一整天忧心,先生几句无心的话会让她黯然神伤。她说:"几乎每一件事情,都会在我的心中盘踞很久,造成坏心情,影响生活和工作。"

有一次,她有个重要的会议,但是沮丧的心情却挥之不去,看看镜子里自己的脸庞,竟然无精打采。她打电话问朋友:"该怎么做?我的心情沮丧,我的模样憔悴,没有精神,怎么参加重要的会议?"

朋友出主意给她:"把令你沮丧的事放下,洗把脸把无精打采的愁容洗掉,修饰一下仪容以增强自信,想着自己就是得意快乐的人。注意!装成高兴充满自信的样子,你的心情会好起来。很快你就会谈笑风生,笑容可掬。"她照着去做,当天晚上在电话中告诉朋友说:"我成功地参加了这次会议,争取到新的计划和工作。我没想到强装信心,信心真的会来;装着好心情,坏心情自然消失。"

人只有懂得改变情绪,才能改变思想和行为。思想改变,情绪会跟着改变。这里有几则练习技巧:

1.当我们需要打起精神应付一件事情时,可以用上面的方法。经常培养好心情,认清坏心情的背后一定有不少垃圾思想和消极情绪,要把它扫地出门。

2.多读励志的书,它能给我们许多改变情绪的效果。

3.注意我们的仪容:挺直身子,抬起头来,衣着更要端庄。萎靡不振的表情,是招惹霉运的根本原因。

4.学习在危机中保持冷静,在紧张时给自己松弛的机会,如运动、静坐、旅行等。

美国加州大学心理学家艾克曼曾做过这样的实验,要受试者装出惊讶、厌恶、忧伤、愤怒、恐惧和快乐等表情,却发现他们的身心跟着起了变化。当受试者装出害怕时,他们的心跳加速、皮肤温度降低等等,表现其他五种情绪时,也有不同的变化。我们怎么装,心情就怎么改变。

4. 平息你工作中的愤怒

当我们的目标无法实现或者感觉受到他人攻击时,大多数人会产生抵触情绪并因此而感觉愤怒。愤怒是正常的,而且应该表现出来:不能表达愤怒甚至压抑它可能导致精神紧张,最终产生抑郁。然而,如果在特定的时间、场合不懂克制地愤怒、发脾气,那么往往只会破坏气氛、损害事情,那么愤怒不仅会损害您的声誉和人际关系,还会引发与压力相关的疾病,甚至更糟糕的结果。

1965 年 9 月 7 日,世界台球冠军争夺赛在美国纽约举行。刘易斯·福克斯的得分一路领先,只要再得几分便可稳拿冠军了。就在这个时候,他发现一只苍蝇落在主球上,他挥手将苍蝇赶走了。可是,当他俯身击球时,那只苍蝇又飞回到主球上来,他在观众的笑声中再一次驱赶苍蝇。这只讨厌的苍蝇破坏了他的情绪。更糟糕的是,苍蝇好像是有意跟他作对,他一回到球台,它就又飞到主球上,引得观众哈哈大笑。

刘易斯·福克斯的情绪恶劣到了极点,终于失去理智,愤怒地用球杆去击打苍蝇,球杆碰动了主球,裁判判他击球,他因此失去了一轮机会。刘易斯·福克斯方寸大乱,连连失利,而他的对手约翰·迪瑞则愈战愈勇,赶上并超过他,最后夺走了冠军。

第二天早上,人们在河里发现了刘易斯·福克斯的尸体,他投河自杀了。

同样是愤怒,在 2006 年的世界杯决赛赛场上,法国球星齐达内,在加时赛的最后 10 分钟用头冲撞对方球员,用一张红牌为自己的世界杯生涯

画上了句号,导致整个球队把冠军拱手让给意大利。据说当时他是由于受到对手挑衅情绪失控,冲动的惩罚才上演的。如果没有冲动的一撞,也许法国人的谢幕会更加完美,然而他选择了简单粗暴的方式。这无论是对齐达内本人,还是对千万球迷而言,都是一个永远无法弥补的缺憾。所以不论遇到什么情况,都要保持冷静。

作为员工,你在工作中,是否也曾经遇到失去控制、失去理智的时候?工作领域的确是一个怒火滋生地,想一想有多少时间是在工作场所中度过的?想一想我们在工作中,会遇到多少和自己价值观不同的同事、合作伙伴和客户?再想一想工作场所的竞争、合作关系可能导致多少误解、谣言以及矛盾?如果你在工作中失去冷静,为怒火所控制的话,可能就会带来恶果:丧失信用、人际关系恶化、压力增加,而这些,都是扼杀你职业生涯的潜在大敌。

在以下的场景中,你最可能失去控制:

被孤立——你不被自己的小组接受,你因此而发怒,这将会大大影响你的工作效率和情绪。

挑剔的老板——老板总是吹毛求疵,更糟糕的是当受到由老板而来的委屈,你甚至不能表达出来,只有在心里暗暗咒骂,这会让你和老板的关系越来越糟。

平庸老板——面对平庸老板,我们会感叹命运的不公平;而平庸老板的错误决策则会让你感到愤怒,因为容易让你白白浪费精力和时间。

没有得到应得的提升——面对这种不公正的待遇,很多人都采取消极的态度,暗自生气,或者开始怠工。

被同事恶意中伤——诽谤的力量非常强大,如果你不幸成为某次谣言的主角,那么,你将会在精神上和职业生涯上都受到极大的打击。

在我们漫长的职业生涯中,总会遭遇"有冤无处诉"的情景。愤怒将会是我们的第一反应。那么,我们应该如何对待自己的愤怒呢?职业专家们认为,让愤怒泛滥,你或者可以"逞一时之快",但其后果可能是中断或者延误你正在上升的职业生涯。不过,如果走向另一个极端,认为任何不公平都是合理的,而努力压制自己,逆来顺受,到最后连愤怒的感觉都找不到的话,后果很可能是失去工作上的发展机会,职场生涯也将面临毁灭性的打击。

你是爱发脾气的人吗?爱发脾气的人通常有以下几种原因。

1.自私与自负。因为自私和自负,你会觉得任何人都不应该比你优秀,比你受到更多重视,而且你的意见也不应该被别人否定。正是因为你期待过多,所以很多正常的情境,你都会觉得不公平,因而感到愤怒。

2.完美主义。当你为完美主义所控制时,将会时时刻刻都感到愤怒,因为没有人,包括你自己,都不能达到所谓完美的境界。而最终,可怜的完美主义者很可能会愤世嫉俗,因为我们并没有生存在一个完美的世界上。

3.偏执。在工作场所中,那些最讨人喜欢的同事总是那些灵活而能接受别人意见的人。而为偏执所控制的人,却总是在些小问题上与老板或同事争个你死我活,不但自己生气,还讨人厌,何苦呢?

那么我们如何克制愤怒呢?职业专家的建议是:告诉自己“这种情况很糟糕,但是我会学习如何去处理”。你需要学习找出可行的解决方法,而其基本原则就是,以保留工作为前提,控制自己,向愤怒开战。

克制愤怒,需要我们时常保持宽容和博爱的心胸,心胸坦荡阳光的人,才能脱离于愤怒的阴影里。如果一个人不能彻底改变自己常常仇视他人的弊病,就好像是戴着枷锁和脚镣攀登山峰,不仅不会取得成功,还极有可能掉入情绪的万丈深渊。

瑞典的罗纳先生,一直在维也纳从事律师事务,因为思乡心切,他回到了故乡。他认为,以他在国外多年的律师生涯,回到祖国找份工作是件轻松的事。他把从业简历投给了国内的几家法律咨询机构和律师事务所,希望谋取一份律师或者法律顾问的工作。

大多数单位都例行公事地回信说他们的单位已经满员,并不缺少他这样的法律人士。正在他十分失望的时候,他又接到了一封回信,信写得

很长,一张公文纸都写满了。他很高兴,相信这一定是一份录用他的通知书。他满心欢喜地阅读起来:"罗纳先生,你对目前国内法律界的认识完全是错误的,尤其是我们公司,最讨厌的就是像你这样在国外待了几年,就以为自己可以从容应对国内事务的人。你实在很愚蠢,你并不了解我们就邮寄来了个人的简历。可以告诉你,我们不会录用像你这样自以为是的人,即使准备录用国外归国人员,我们也不会雇佣你,因为你连起码的瑞典文都写不好,你的来信中充满了文法的错误,实在可笑!"

罗纳看完信,气得暴跳如雷。这个回信的瑞典人竟然说他的瑞典文写得不好,他应该可以从他的简历中了解到,他是毕业于瑞典学院的学生,瑞典文怎么能够不好?罗纳坚信,这是一个非常愚蠢无知的家伙,这个人才真正不懂瑞典文!他的回信才满是文法不通的低级错误。

罗纳立刻拿起笔回信,他决定要加倍地羞辱这个狂妄的人。不录用也就算了,他不能够容忍这种对他人格的侮辱。很快他就将回信写好了,他相信以他的犀利文笔,这个人看了信以后会气死。可是,当他准备将信投进邮筒的时候,他又犹豫了。他开始想,自己怎么判断人家说得不对呢?自己与人家素昧平生,人家仅仅是依据那封简历判断自己的,人家一定有自己的原则,或者说,那封信根本就不是一个人擅自回复的,是一个单位的意见。想到这里,他不禁为自己的冲动和愤怒捏了一把汗。幸亏没有把信邮寄走,不然,这个单位的人该怎么看自己。

回到家里,他静下心来,再次铺开稿纸。他这样写道:"尊敬的先生,你们公司不需要我这样的人,还不厌其烦地回信给我,并细心说我瑞典文方面的弱点,真是太感谢了,这将非常有利于我提高自己的瑞典文水平。我对于贵公司的了解不够,实在很抱歉和惭愧。我今后会接受教训,努力提高瑞典文水平,并加深对贵公司的了解和关注。最后,我万分感谢贵公司对我的帮助,并祝愿贵公司事业发达兴旺。"

把信投进邮筒以后,罗纳像做了一件非常重大的事情一样高兴。他感觉从来没有这样轻松过,面对一次侮辱,他却从中得到了收获和教益。

几天以后,一辆轿车停在了他的家门口,公司的董事长专程来接他到公司,他被公司正式聘用。原来,那封回信正是这个公司的录用试题。他们的理由是,如果一个人能够以宽容和博大的胸怀面对无端的侮辱,能够把仇恨化解为友谊,这个人面对一切都会从容应对。

愤怒只是情绪的一种,你能控制它。在很多时候,我们害怕愤怒会控制自己,所以,我们错误地认为,对付愤怒只有将愤怒扼杀这一种方式。结果,愤怒找不到出口,积聚起来,冲破了你修筑的防线,做出令你后悔万分的决定。我们应该了解,我们可以愤怒,但却不一定要表现出来。即使在愤怒的时候,我们也可以做出明智正确的选择。

1.理清你的选择。是的,你很愤怒,正在生气,但是别忘记问自己:我还需要这份工作吗?这份工作的意义是不是远大于我此时所受的委屈?如果答案是肯定的话,那么让自己冷静下来,相信也不是太困难的事情。

2.让幽默替代愤怒。在最初的怒火过去后,你已经平静下来了。这时候,什么也不做,让自己白白受到不公正待遇,埋藏在心底里的愤怒还是有些不甘心。来点幽默,对不公正来点"阿Q"式的嘲讽,不仅能让你的愤怒找到更好的出口,还会让笑声给你带来更好的人缘。心理学家认为,因为幽默和愤怒在心理上不能共存,所以幽默能有效地赶走愤怒。所以,当你感觉到愤怒的时候,不妨幽上一默,让那些始作俑者感受到你的智慧以及宽宏大量。

3.学会原谅。当你受到委屈时,你最不愿意做的事情就是去原谅那些可恶的始作俑者。不过,即使他们并不值得你原谅,可是一旦原谅了他们,你就能为自己赢得心理上的优势和其他人的支持。当你学会原谅之后,你就不再会局限于自己所受的委屈、愤怒和失望上,也将能快速地从中走出来,更加坚强。

4.从身心彻底战胜愤怒。

情绪上——大哭一场。酣畅淋漓的哭泣会让愤怒随着泪水消失。

心理上——说出你的愤怒。也许和一个好友,或者自言自语,说出自己的愤怒。当然到最后,别忘了给自己一点信心:我不会为愤怒所控制。

精神上——冥想可以帮助你。燃起香精油,将充满怒火的心平复下来,忘记一切不愉快,放下与人战斗的号角,现在你只需要注意自己的呼吸,将绷紧的弦放松一点、再放松一点。几分钟后,你就会足够冷静和客观分析问题的症结了。

生理上——发泄愤怒。你可以对着一个枕头猛打,也可以找别的出气筒,比如可以摔碎本想扔掉的废弃物,这会痛快极了。不过,更加节约积极的方法应该是去运动和健身。在跑步机上跑个半小时,让愤怒随着每一步从身体上流走。

歌德说:"决定人的一生及整个命运的,只是一瞬间。"我们冲动愤怒的一瞬间,毁掉的不只是前程,有时候还有生命,所以我们遇事时,不妨多考虑一下后果,给自己一个下的台阶,走下来想想。三思而后行的人生才是无悔的人生。

5. 知足方能常乐

知足常乐,是一种心境,知足常乐,是一种生活态度。生活中如果有知足常乐的和平心态,那么就会少很多无谓的烦恼,会让自己有更多的精力和时间去处理生活中的要紧事。

知足常乐,就是要看到自己现在所拥有的,并且感受到所拥有的给自己带来的快乐。知足常乐应就是不要盲目地和他人攀比,自己所拥有的也是他人所没有的。

有一则格言是这样说的:如果折断了一条腿,你就应该感谢上帝不曾折断你的另一条腿;如果折断了另一条腿,你就应该感谢上帝没有折断你的脖子;如果折断了脖子,你就没有什么可再担忧的了。所以,我们应该把不幸看做是我们进入另一种美丽的契机,是人生另一种意义上的丰富和充实。

因此,不要再去羡慕别人,只要我们细细地清算上苍给你的恩典,你会发现生活中拥有的绝对比没有的要多,而缺失的那一部分,虽不可爱,却也是你生命的一部分,接受它且善待它,你的人生会快乐豁达许多。

有句话说得好,你能改变它吗?不能,那么就接受吧。要么改变,要么接受,只有两个选择,而你已经不能改变就只能选择接受。

法国著名作家向他的读者说过:"这辈子所结交的达官显贵不知多少,他们的功绩实在都令人羡慕,但深究其里,每个人都有一本难念的经,甚至苦不堪言。"如果你拥有平和的心态,你就拥有了你辉煌的人生。当你体会到了这一点,你就不会为你所缺失的那一小部分和别人做无谓的比较,反而会更加用心地珍惜自己所拥有的一切。

只要一个人在心态上找到了平衡的支点,就会珍惜所拥有的,他就不会在挫折面前迷失自我,也不会在前行中产生懈怠的心理。总之,他的生命中肯定有那么一些东西,能让他透过生活中的痛苦,看到生活美好的一面。

一位著名的男高音歌唱家,30 岁的时候就已经非常出名,而且家有娇妻、孩子,似乎这一切都是上天给他的恩宠。

一次,演出结束后,歌唱家和妻子、儿子从剧场里走出来的时候,立刻就被早已等在外面的观众团团围住。人们兴奋地与歌唱家攀谈着,其中不乏赞美和羡慕之词。有的人恭维歌唱家年纪轻轻就开始走红,成为家喻户晓的人物;有的人恭维歌唱家有个好家庭,妻子美丽大方,孩子又是个活泼可爱、脸上总带着微笑的男孩儿……歌唱家认真地听着这些热心人的赞美之词,并没有打断他们的议论,来表示自己的观点。等人们把话说完以后,他才和缓地说:"也许你们知道的只是一个方面,还有另外的一些事情你们不知道。被你们夸奖为活泼可爱、脸上总带着微笑的这个小男孩儿,是一个不会说话的哑巴;而且,他还有一个姐姐,是长年只能躲在床上的脑瘫患者,其实,你们夸大了我的成功,我也有不幸的一面。"

歌唱家的一席话使人们十分震惊，大家你看看我，我看看你，都被这个事实惊呆了，大家很难接受这个事实。这时，歌唱家又和缓地说："这一切恐怕只能说明一个道理，那就是上天对你我都是非常公平的。"

在现实中，我们常常认为别人的一切都是十全十美的，唯独自己成了上帝的弃儿，不能达到顺心满意，因此，我们总是对自己耿耿于怀，不能看到别人的不幸和痛苦。但实际上并不是这样的。

若没有苦难，我们会骄傲，没有沧桑，我们不会用心去安慰不幸的人。我们不能阻止不幸发生在自己身上，失败已成定局，再怎么悲伤也无济于事，而如果我们选择积极的态度去面对失败后的不幸，那我们将是最幸福的人。

知足常乐，在金钱方面也同样如此，不要去羡慕他人有多少金钱，也不要计较自己的穷富。不去盲目攀比，也就生活得平和。

有个乡下的小孩，大家都叫他傻子，因为他永远选择5毛，而不选1元。有一个外地人不相信，就拿出两个硬币，一个1元，一个5毛，分别放在两只手里，叫那个小孩任选一个，结果那个小孩真的挑了5毛的硬币。围观的人看得哈哈大笑，非常开心。那个外地人觉得非常奇怪，便问那孩子：

"难道你不会分辨硬币的价值吗？"

"不是的！"孩子小声地说："我只需要5毛就足够了，它足以让我买到我想要的东西了。"

这个"傻子"其实才是最聪明的人。如果他贪得无厌，选择了1块钱，这件事就变得"不好玩"了，也没有人愿意继续跟他"玩"下去，而他得到的，也只有1块钱。但他因满足当前状况只拿自己需要的5毛钱，就不会因贪婪而苦恼，同时还能得到更多。虽然这只是故事，但它说明一个问题，知足常乐可以使人获得意想不到的收获。

　　是的,人,要在不知足中绝对地追求,在自得其乐中相对地满足。知足,使得人在自我释放和自我克制之间,砌筑了一个生命安顿的心理平台。

　　知足常乐,以平和的心态对待生活,清除攀比的坏习惯,便能享受到生活对你的馈赠,享受到生活中的快乐和幸福。你的生活是你的,你的幸福也是你的。不要因攀比而让自己失去原有的生活乐趣。

第十章　积极乐观的心态让你的人生无往不利

　　积极向上的心态是成功者最基本的要素。有了积极的心态就有了控制自我的力量，便有了战胜一切困难取得成功的信心。记住！你认识到你自己的积极心态的那一天，也就是你遇到最重要的人的那一天；而这个世界上最重要的人就是你！你的这种思想、这种精神、这种心理就是你的法宝，你的力量。

1. 积极向上的心态是成功最基本的要素

克莱门特·斯通是美国联合保险公司董事长，是全美乃至整个欧美商业界都享有盛名的大商家。斯通通过自己的奋斗，为社会做出了非凡的贡献。他根据自己的经历，循循善诱地向世人告知成功的秘密以及由之所带来的幸福生活的意义。

克莱门特·斯通追随拿破仑·希尔学习富贵之术，由一个只有 100 美元的年轻人，自我奋斗成为令人瞩目的富豪。

斯通一生都在从事推销，既推销保险，也推销信念和使人成功的方法。为了广泛传播自己的思想和信念，他与人合写了《用积极的心态获得成功》一书，该书发行了 25 万册。1962 年，他又写了《永不失败的成功之道》，这本书也很畅销。为了在更大范围内传播自己的信念，他还创办了杂志《无限制成功》，斯通在出版业的最大举措是于 1960 年买下霍斯恩出版公司。

至此，斯通身兼三职——美国混合保险公司的董事长、阿波特公司的董事、霍斯恩公司的董事长。他成了美国最富有的人之一，在 20 世纪 70 年代，他所拥有的资产已达 4 亿美元之巨。

斯通童年时曾卖过报纸。斯通卖报时，有一家餐馆把他赶出来好几次，但他还是一再地溜进去。那些客人见他这样勇气非凡，便劝阻餐馆的人不要再踢他出去。结果他的屁股被踢得很疼，口袋却装满了钱。

这事不免令他深思："哪一点我做对了呢？""哪一点我做错了呢？下次我该怎样处理同样的情形呢？"他一生中都在这样地问自己。

斯通很小时父亲就去世了，他由母亲抚养长大。他母亲对他个性的形成有着很深的影响。

斯通的母亲替人缝衣服，干了好几年，存了一点钱。还在小克莱门特十几岁的时候，她就把钱投到底特律的一家小保险经纪社。这个保险经纪社替底特律的美国伤损保险公司推销意外保险和健康保险：每推销出一笔保险，它就收到一笔佣金——它唯一的收入。它仅有的财产是一间租来的、积满灰尘的小办公室。推销员只有一个人，那就是斯通的母亲。她第一天一点成绩也没有。然后，她来到底特律最大的银行，一位高级职员买了保险，又准许她在大楼里自由走动，结果那天共有 44 个人向她买了保险。

这个经纪社发展起来了。斯通 16 岁念中学时的一个夏天，他也试着出去推销保险。他的母亲指导他去一栋大楼，从头到尾向他交代了一遍。但是他犯怵了。这时，当年卖报纸的情景又重现在他眼前，于是他站在那栋大楼外的人行道上，一面发抖，一面默默念着自己信奉的座右铭："如果你做了，没有损失，还可能有大收获，那就下手去做。马上就做！"

于是他做了。他像当年卖报纸被踢出餐馆那样壮着胆子走进大楼。他没有被踢出来。每一间办公室他都去了。那天，只有两个人向他买了保险。以推销数量来说，他是失败的，但在了解自己和推销术方面，他收获不小。回家的时候，斯通赚了几元佣金，觉得已经不错了，他知道他有克服恐惧的那种勇气，而且他还想出了克服恐惧的技巧。

第二天，他卖出了 4 份保险。第三天，6 份。他的事业开始了。

那个假期及后来放假的日子里，他继续替母亲推销健康保险和意外保险。他居然创造了一天 10 份的好成绩，后来一天 15 份，20 份。他分析自己：为什么成功了？他终于发觉，因为他有了"积极人生观"（PMA）。

20 岁的时候，斯通搬到芝加哥，开了一家保险经纪社——"联合登记保险公司"。不久，他就雇用了 1000 多人。每州都有一名推销总管，领导推销员，他自己管理各地总管。后来又在芝加哥设总部，总部之下的几个副职帮助斯通主管全盘，那时斯通还不到 30 岁。

但那时候，整个美国笼罩在经济大恐慌之中。有一阵子，斯通好像也

要走上末路：大家都没有钱买健康保险和意外保险，真有钱的人又宁愿把钱存下来以防万一。这一段艰难时光给斯通添加了几条如何对付困难的座右铭："如果你以坚决的、乐观的态度面对艰难，你反而能从中找到益处"、"销售是否成功，决定于推销员，而不是顾客。"

为了证明他说的不是空洞的口号，他走出办公室，直往纽约州去推销了。在经济大恐慌最严重的时期，他每天成交的份数，竟与以前鼎盛时期的相同。

但是由于他在20年代那几个繁荣的年头建立了事业，那时候几乎什么都可以推销出去，因此他对每一个推销员及其推销方式和态度，没有给予太多的注意，而现在受到了真正的考验，结果是他们还不行。于是斯通开始了他推销讲座的第一课，向推销员说明"积极心态"（PMA）的重要性，加上一些推销术。他花了18个月旅行全国各地，同遇到困难的推销员谈话，跟他们一起出去推销，表演给他们看："一切决定于推销员的态度，而不是顾客。"

1938年底，克莱门特·斯通成了一名百万富翁。

他现在觉得也许该自己组织个保险公司了。他找到了一个似乎十全十美的计划。一度很赚钱的宾夕法尼亚州伤损公司因经济恐慌停业了，公司的拥有者欲以160万美元把它出售。但斯通感兴趣的是它的潜在的价值——它仍拥有的35个州的营业执照。第二天，他就前往巴尔的摩去找商业信托公司的人——伤损公司的拥有者。

"我要买你的保险公司。"

"好的。160万美元，你有这么多钱吗？"

"没有。但是我可以借到这笔钱。"

"跟谁？"

"跟你们。"

在几度唇枪舌剑以后，商业信托公司还是同意了。

它成了今天克里汀特·斯通王国的一个奠基。当初的小保险公司，一步一步变成了今天巨大的美国联合保险公司，经营范围不但包括美国，还伸展到国外,1970 年的销售额是 2.13 亿美元,拥有 5000 名推销员,每一个推销员都懂得 PMA。据最近的统计,这 5000 人中有 20 人是百万富翁。

斯通一面搞保险公司,一面搞其他赚钱的事业。1955 年,一个名叫利莫那·拉文的年轻人跑来找斯通借一笔款子,声言要开个小化妆品公司。斯通觉得他的话有道理,但他没有直接借钱给拉文,而是替拉文保证归还一笔 45 万美元的银行贷款,代价是他拥有拉文这家新公司的 1/4份。拉文创办的公司叫阿拉度一卡佛。斯通拥有的股份(本来一分钱的资本都未投下)到 1969 年时,已经价值约 3000 万美元。

同时,斯通也从事另一项事业:出版。1960 年,斯通写了一本书,叫做《利用积极的人生观走向成功的方法》。跟他合作写这本书的,是以前写过畅销书《动大脑发大财》的拿破仑·希尔,这书卖出了 25 万本。1962年他乘兴又写了《保险业巨子的王牌》。好多想当大亨的人都买了这本书。

为了继续宣扬他的商业哲学,斯通后来创办了《成功无限》杂志。这本杂志的文章,都是关于成功的人;有时斯通也亲自撰文,宣扬 PMA。

斯通在出版界最终一步是在 1965 年买下了几家出版公司的分公司,把它们合并成霍桑公司。今天,虽然霍桑公司跟联合保险公司和阿拉度一卡佛比起来,不过是九牛一毛,但它也很赚钱,且是斯通宣扬 PMA 的讲台。

斯通说:"要想成功,就必须克服恐惧,乐观地面对艰难,不懈地努力工作。积极向上的心态是成功者最基本的要素。"

2. 笑对人生

要以一种泰然处之的心态面对生活。因为生活是我们的向导,它能

把我们从痛苦中引领出来。在沉重的打击面前,需要有处乱不惊的乐观心态,冷静而乐观,愉快而坦然。在生活的舞台上,要学会对痛苦微笑,要坦然面对不幸。

"不以得为喜,不以失为忧",是一种良好的心态。这种心态的优势是专注于自己的事情,不因一时得失而忧心忡忡或兴奋狂跳。也不要大喜大悲,那样会使我们失去冷静。

量子论之父马克斯·普朗克是19世纪末至20世纪前半期德国理论物理学界的权威,在科学界颇有威望,并于1918年获诺贝尔物理学奖。

普朗克的一生并不是一帆风顺的。中年的时候妻子去世;在第一次世界大战期间,他的长子卡尔在法国负伤而亡;他的一对孪生女儿也都在生孩子后不久,相继去世。

对于这些不幸,普朗克在写信给侄女时说:"我们没有权利只得到生活给我们的所有好事,不幸是自然状态……生命的价值是由人们的生活方式来决定的。所以人们一而再、再而三地回到他们的职责上,去工作,去向最亲爱的人表明他们的爱。这爱就像他们自己所愿意体验到的那么多。"

对于自己遭遇的一个又一个的不幸,普朗克都能正确地对待,他没有被这些不幸击倒,没有忘记自己人生的意义。

第二次世界大战中,不幸的遭遇又一次降临到普朗克的头上。他的住宅因飞机轰炸而焚毁,他的全部藏书、手稿和几十年的日记,全部化为灰烬。为了逃避空袭,他只好暂寄在一位朋友的庄园里。对于失去家园、财产,他泰然处之。他写道:"在罗格茨的生活还不算坏。"因为他还可以工作,他已经准备好了他想要进行的关于伪科学问题的新讲演。

1944年末,他的次子被认定有密谋暗杀希特勒的"罪行"而被警察逮捕。普朗克虽采取了多方的求助,却没有任何效果。

普朗克在后来给侄女、侄儿的信中说:"他是我生命中宝贵的一部分。他是我的阳光、我的骄傲、我的希望。没有言辞能描述我因他而蒙受的损失。"他在给阿·索末菲的信中说:"我要竭尽全力让理智的工作来填补我未来的生活。"

普朗克面对如此巨大的悲痛,仍然以泰然的心态处之,实在让人敬佩。事实证明,他赢得了世人的尊重。如果我们的心灵不断得到坚韧、顽强、刻苦、质朴之泉的灌溉,那么,不论我们一贫如洗或是位卑如蚁,也可以求得平和之心态。

任何事情都有它的两面性。成就能给你带来快乐,也可以给你带来烦恼。不要过分地去追求,也不要过分地重视自己的地位,你便会过得坦然而自信。

坦然是一面镜子,一有裂痕,就难以复原。1988 年的汉城奥运会,约翰逊只用 9 秒 79 的时间就跑完百米赛程。然而,经过检验发现,他服用了兴奋剂,约翰逊的行为让人们对他由敬佩变为了蔑视,难道是他没有信心获得冠军,还是仅仅为了那一点虚荣而毁坏了自己的人格?那个冠军对别的运动员是不公平的,约翰逊缺少的是心灵深处的坦然。当人的心中拥有一份坦然的时候,你就会发现只有一颗靠自己辛勤种植培育的花,才能开花结果,才能散发出令人陶醉的芳香。

一个人的坦然,是一种生存的智慧。生活的艺术,是看透了社会人生以后所获得的那份从容、自然和超然。

一个人要能自在自如地生活,心中就需要多一份坦然。笑对人生的人比起在曲折面前悲悲戚戚的人,始终坚信前景美好的人较之脸上常常阴云密布的人,更能得到成功的垂青。

马克·吐温被评论家们称羡为美国最伟大的爱开玩笑的人,他也是美国最伟大的哲学家之一。他小时候就已经接触到生活的种种悲剧:他的两个哥哥和一个姐姐,在他年少时相继死去;他的 4 个孩子,在他还活在人世的时候,也都一个个离他而去。他饱尝了生活的苦楚艰辛,可他坚信,如果用欢笑作为止痛剂来减轻苦痛,也能够得到乐趣。我们可以适当地使自己处于超然的地位,来观赏自身痛苦的情景。

在沉重的打击面前,需要有处事不惊的乐观心态,这样就能战胜沮丧,化坎坷崎岖为康庄大道。你可能一时丢掉了原本属于你的东西,或是错过了一次机会,但是,在精神上绝不能失望。冷静而达观,愉快而坦然,是成功的催化剂,是另辟蹊径、迎接胜利的法宝。

这个世界上有多少诱惑,就有多少欲望。一个人需要以清醒的心智和从容的步履走过岁月,他的精神中必定不能缺少淡泊。淡泊是一种境界,更是人生的一种追求。虽然,我们每个人都渴望成功,但我们更需要的是一种平平淡淡的生活,一份实实在在的成功。

得意也罢,失意也罢,要坦然面对生活的苦与乐。假如生活给我们的只是一次又一次的挫折,也没什么的,因为那只是命运剥夺了我们活得高贵的权利,但并没有夺走我们活得快乐和自由的权利。

因为生活里是没有旁观者的,每个人都有一个属于自己的位置,每个人也都能找到一种属于自己的精彩。坦然,会让我们的生活美丽而快乐!

3.用坚定的信念去开创美好的未来

若能好好控制信念,它就能发挥极大的力量,开创美好的未来;相反,它也会让你的人生毁灭。

著名学者说过:"一个有信念的人,散发出来的力量,不下于九十九位仅心存兴趣的人。"是的,信念能帮助我们挖掘出深藏在内心的无穷力量。

信念也像指南针和地图,指示出我们要去的目标,并确保能到达。然而没有信念的人,就像少了马达缺了舵的汽艇,不能动弹一步。所以在人生中,必须要有信念的引导,它会帮助你看到目标,鼓舞你去追求,创造你想要的人生。

真的,世界上没有任何力量像信念这样,给我们如此巨大影响。人类的历史,在根本上可以说就是信念的历史。像耶稣、穆罕默德、哥白尼、哥伦布、爱迪生或爱因斯坦等人,他们何尝不是改变历史,也改变我们信念之人。若有人想改变自己,那就先从改变信念开始;如果想效法伟人,那就效法他成功的信念吧!

而一个人要拥有成功的信念,首先必须拥有乐观的心态。

一个人的乐观程度往往在他的成功道路上扮演重要的角色,因为乐观是最大的动力。乐观是指面临挫折仍坚信形势必会好转,是让困境中的人不致流于冷漠、无力,感到沮丧的一种心态。乐观的人会更加坚定自己的信念。乐观程度不同,一个人所发挥的潜力也不一样。即使是同一个人,在他乐观的时候所做出的成绩常常是他悲观时的数倍。这是因为乐观的人一般具有强烈的、积极的动机,这种动机是获得成功的最有效的因素,它可以把一个人的兴趣、热情,自信和其他能量调动起来,形成整体效应,使行动的效果达到最佳。性格上的乐观和开朗可能是与生俱来的,但即使是生性内向悲观的人,通过努力和训练,完全有希望成为活泼开朗、充满信心、怀抱信念的人。

当然,每个人的乐观程度是不尽相同的。有的人对开创局面、摆脱困境、解决难题、实现目标总充满信心;而有的人则总觉得自己缺乏完成工作、达到目标的能力、条件或办法,消极地由别人支配。情绪乐观性测量的目的是让被试者通过了解自己的乐观程度,学会用自我激励的办法,透过适当的途径,改善情绪,提高自信心,并且也利用自己积极的情绪感染他人。

美国心理学家斯尼德领导的一项研究里,提出下面一个问题让人回答:"如果你原定的目标是80分,但一星期前发下来的第一次成绩却只有60分,这项成绩将占学期总成绩的30%,你打算以后怎么办?"对这个问题的回答结果差异很大,但可以分为三个层次:最乐观的学生打算更加努力,想尽各种弥补的办法去达到目标;较为乐观的学生也打算想出一些方法加以补救,但实施方法、付诸行动的决心不够;悲观的学生则放弃继续用功,并表现出一事无成的颓废样子。斯尼德还发现,学生的这种乐观性

与他们的学习成绩有着非常大的相关性,甚至比传统上最具权威的 SAT 入学测验更加准确地预测其今后的成绩。特别是智力相当的学生中,乐观性高的学生成绩往往远远高出乐观性低的学生。其原因是,乐观的学生会确定较高的奋斗目标,并且懂得怎样坚持信念去努力去实现目标。

美国宾夕法尼亚大学心理学家马丁·沙里曼是个对乐观性很有研究的教授,他曾对自己所在大学的 500 名新生做过乐观性测验,发现这次测验的结果比学生的入学考试成绩和高中成绩更加能够预测学生大学第一年的学习成绩。他后来解析说:"入学考试测量的只是学术倾向能力,但一定程度的能力加上不屈不挠的心态才能成功。学生的动机用入学考试是测不出来的,而要预测一个人的成就,很重要的一点就是看他能否越是遇到挫折,越是百折不挠,就智力相当的人来说,他们的实际成就不但同他们的才能有关,而且也与他们承受失败的能力有关。"每一次失败或挫折,都是对人乐观性的考验,乐观的人能从自己之外找到失败的原因,从而坚持成功的信念,改进方法,继续尝试;而悲观的人难以承受一次又一次的打击,变得消极、忧郁、沮丧。

我们对人类行为知道得越多,就越发现信念影响我们的非凡力量。但在一些人身上,这股力量的作用与我们所认为的情况背道而驰,尤其是在生理状况方面,信念(也就是内心反映)会控制事实。有一宗对精神分裂症的研究一位具有双重性格的女性,她血液中血糖完全正常,但她相信自己患有糖尿病,结果她的生理状况就真的显示出糖尿病的症状。

在类似的实验中,有许多人在催眠状况下,碰触一块冰块,然后,催眠师告诉他们那是一块烧红的金属,结果被催眠的人在碰触部位就冒出水泡。

有许多人都知道安慰药的作用,它对治病不一定真有效果,多半是用来哄骗病人,使其心理相信,达成治疗效果的。卡曾斯就曾亲身体验过信念的力量,因而消除病因,他说:"吃药打针不是绝对需要的,但康复的信念必须要有。"另外还有一宗著名的安慰药研究病例,对象是一群患有溃疡的人。他们被分为二组,研究人员告诉第一组的人,即将服用一种有绝对疗效的新药,对第二组的人说,即将服用尚不知疗效的实验药,然后在不告知实情的情况下,给二组人完全相同没有疗效的药。实验结果表明,在第一组,70％的人觉得有效;在第二组,只有25％的人觉得有效。差别就在于双方的信念不一样。

著名韦尔医生曾做过一次研究,结果显示服药者的效果是和他对药效的信念成正比。他发现能让注射维生素(兴奋剂)的人平静,注射巴比妥盐(镇静剂)的人兴奋。"药的神奇之处在使用者的心理,而不是药物本身。"他下结论道。

以上的例子,说明了一个事实,那就是影响结果最大的是信念。信念不断地把信息传送给脑子和神经系统,造成期望的结果。所以,如果你相信会成功,信念就会鼓舞你达成;如果你相信会失败,信念也会让你经历失败。

罗伊·加恩说:"如果你希望主宰自己的人生,那么就必须好好掌握自己的信念。"

4.感恩心态让你的人生充满阳光

拥有感恩心态是我们作为一个社会人的责任。很多时候我们对家庭、朋友、同事、客户、领导、老板、企业、社会、大自然等等的付出漠然处之,认为他们的付出是自己应得的,甚至一旦自己从他们那里获得太少,就怨声怨气。而一旦离开他们,我们还会有今天吗?其实,每一个成功的人必须不知道要多少人在背后帮助他,支撑着他。正所谓"一个好汉三个帮"、"单丝不成线,独木难成林"。一棵树离开森林的保护,它可能在还未茁壮的时候就早已被狂风暴雨摧残。古今中外多少英雄豪杰,成在"得道多助",败在"失道寡助",不懂得感恩的人,也会很快失去他人的庇护,那

么他就很难获得成长。所以，感恩，也是对自己负责，更是一种对他人的责任。因为只有感恩他人，才能得道于他人。作为一名职场中人，要想获得更大的发展，就必须懂得感恩。

我们要感恩我们的家庭，我们的父母。每一个成功者身后都一个默默支撑他的家庭，而家庭的支持也是我们最容易忽视的。因为工作太忙，与家人相处时间越来越少，亲情越来越淡薄，而家人为了不打扰我们联系也少了。但其实家人也是最容易满足的，有时候仅仅需要我们一声谢谢，仅仅需要我们回家看看，吃吃饭聊聊天。

著名画家吴冠中的三个孩子全都由夫人抚养长大，包括上学和生活安排，吴冠中一点都没有插手，他在一心一意地搞绘画。他的夫人也是绘画天才，却为了吴冠中放弃了艺术追求。她脑血栓病病愈后稍稍能活动时，见吴冠中作画，也会颤巍巍地递上一杯水。吴冠中在法国举办个人画展一举成名，夫人对吴冠中说："你可真不容易！"吴冠中也感慨万千地对夫人说："你也是的！"这就是夫妻之间相濡以沫40余载的感恩，不需要太多的语言，再多的语言也无法表达。

我们要感谢陪伴我们一直走过来的朋友，他们陪我们哭，陪我们笑，陪我们走过孤独和欢乐，在困难的时候向我们伸出手，在我们迷路的时候拉我们一把。他们在人生路上就像铺路的石子，河边的桥梁一样，陪我们走过千难万阻，而朋友也是一面镜子，暴露我们的缺点，也让我们认识自己的才能，更帮助我们改过自新。朋友，是我们人生中最温暖的舞台。

大学毕业后的迈克开始找工作。当时的情况下大学毕业生还不多，他以为可以找到最好的工作，结果却徒劳无功。迈克的父亲是位记者，他认识一些政商界的重要人物。

这些重要人物之中有一个叫查理·沃德的人。他是布朗比格罗公司的董事长，他的公司是全世界最大的月历卡片制造公司。4年前，沃德因税务问题而服刑。迈克的父亲觉得沃德的逃税一案有些没有揭露的真相，于是赴监狱采访沃德，写了一些公正的报道。沃德看着那些文章，他几乎落泪了。最后在迈克父亲的努力下查理·沃德很快出狱了。出狱后，沃德问迈克的父亲是否有儿子。

"有一个，在上大学。"迈克的父亲说。

"什么时候毕业？"沃德问。

"他刚毕业，正在找工作。"

"噢，那刚好，如果他愿意的话，叫他来找我。"沃德说。

最后，查理·沃德为了感谢迈克父亲的援助，非常用心地对迈克进行培养。事实上，迈克得到的不只是一份薪水和福利非常好的工作，更是他的一份事业。在 30 年后，迈克成为了全美著名信封公司的老板。

很多年后，迈克还经常说："感谢沃德，是他给了我工作，是他创造了我的事业。"

我们也要感谢同事，他们是我们工作中的左右手，他们是搭档是战友也可以是生活中的伙伴，互相学习，互相帮助，为着共同的目标而战斗。他们也是催促我们前进的竞争对手，我们的事业正是在同事间的你追我赶中碰撞出精彩的火花。感恩同事，就要发扬团结协作的精神，一滴水只有放到大海才能掀起惊涛骇浪，一个人的价值只有放到团队中去才能成就辉煌。而只有感恩同事，才能让我们真正融入到团队中去，让工作充满快乐激情。

张国辉是美国奥美广告公司的一名设计师，有一次被公司总部安排前往日本工作。与美国轻松、自由的工作氛围相比，日本的工作环境显得更紧张、严肃和有紧迫感，这让张国辉很不适应。

"这边简直糟透了，我就像一条放在死海里的鱼，连呼吸都困难！"张国辉向上司诉苦。上司是一位在日本工作多年的美国人，他完全能理解张国辉的感受。

"我教你一个简单的方法,每天至少说 40 遍'我很感激'或者'谢谢你',记住,要面带微笑,发自内心。"

张国辉抱着试试看的态度做了,一开始还觉得很别扭,要知道"刻意地发自内心"可不是件容易的事情。

可是几天下来,张国辉觉得周围的同事似乎友善了许多,而且自己在说"谢谢你"的时候也越来越自然,因为感激已经像种子一样在心里悄悄发芽。渐渐的,张国辉发现周围的事情并不像自己原来想象的那么糟糕。

到最后,张国辉发现在日本工作简直是一件让人愉快的事情!

是感恩的态度改变了这一切。

我们也要感谢我们的领导和老板,他们发掘我们潜能,引导我们前进,纠正我们错误,教给我们技能,让我们在职场中迅速从一个小白成长为能手。是他们给了我们发展的机会和空间,让我们施展自己的才华;而他们也时常承担着企业风险,很多时候为了业务也四处奔波应酬牺牲了家庭时间甚至身体健康。他们是我们事业的伙伴,更是我们的老师、伯乐、教练,也是最严厉的家长。而感恩领导,就要求我们努力工作,时刻为企业着想。

闫华是个很有才华的人。1997 年,他从清华大学毕业后,来到深圳华为公司工作。刚从学校毕业的他,初生牛犊不怕虎,经过收集资料和实际的市场调研,他给华为老总任正非写了一封《万里奔华为》的信,提出了华为存在的问题和发展的建议。任正非读完后称其为"一个会思考并热爱华为的人",当即决定提升他为部门副经理。

我也要感谢客户,我们的工资可以说不是老板给的,而是客户给的,即便我们生产了再多商品,顾客不买账企业就无法生产,我们也就只能失业。所以,我们要感恩客户,是他们给了我们辛勤劳动最大的报酬。也许你会碰到各式各样的客户,他们或严苛,或斤斤计较,或刁蛮难缠。但我们要感谢他们,因为他们让我们认识到人性的复杂和善变,从而改进我们的产品和服务,让我们在工作中越挫越勇,经验日益丰富。我们更要感谢那些理解与喜爱我们产品与服务的客户,他们给了我们最大的肯定和动力,也正是他们为我们树立了良好的口碑,甚至主动为我们介绍来了更多的客户,他们是工作的最大动力。感恩客户,就要把顾客当家人,当朋友,当上帝,客户永远是对的,满足客户要求是我们的职责。

　　林祥的服装店的生意特别好,店里的每一个导购都衣着整洁,精神抖擞,面带微笑。只要顾客一进店里,他们就齐声喊道:"欢迎光临!"因为导购的热情,店里的生意十分火暴。在这样的服务态度背后还有一段故事。几年前,林祥在小镇上开了一家服装店。由于他待人和气,又擅长经营,服装种类繁多,因而客户源源不断。两年下来,服装店在小镇上声名鹊起。为了扩大经营,他决定再开一家分店,于是向镇上一家小银行贷款3万元。在当时,3万元相当于他一年的净收入。可就在服装店的生意如火如荼之时,小偷光顾了他的小店,偷走了全部的衣服。林祥一夜之间破了产。小店的生意不能就这么完了!他东拼西凑,到处借钱,准备重整旗鼓。两个月之后,服装店重新开张了。令他没有想到的是,原来的老客户又回来了,而且还带来了一部分新客户!他不禁喜出望外,除了跟每一位顾客热情打招呼外,在顾客临走时他还不忘深深鞠上一躬。不知不觉间,林祥与顾客建立了深厚的感情。

　　现在,提到他的服装店,小镇上的居民已经无人不知、无人不晓了。如果说林祥的成功有什么秘诀的话。那就是感恩顾客。用林祥的话说:我现在所有的一切是顾客给的,他们不仅是我的客户,也是我的恩人。

　　我们同样也要感谢那些曾指责我们、反对我们甚至羞辱我们、让我们身陷绝境的人,我们感谢那些不欢迎我们的人,感谢敌人,因为是他们让我们明白了什么是战场、什么是竞争、什么是你死我活,在残酷的环境和恶劣的人情世故中,我们渐渐学会生存的智慧,努力拼搏,顽强奋斗,最终

我们才能够逐渐强大起来。可以说正是"敌人"激发成就了我们。

韩信佩剑行走在大街上,遇到了一无赖屠夫,屠夫就当众侮辱韩信:"要么你拿剑刺我,要么我拿剑刺你,如果怕死,就从我胯下爬过去。"于是韩信仔细地打量那年轻人,弯下身去,趴在地上,从他的胯下爬过去。满街的人都嘲笑韩信,认为他胆小。

后来韩信做了楚王,侮辱过韩信的屠夫见到韩信四处躲避,害怕韩信会报复,韩信放话:"你们找到他叫他不要怕,我不会害他,叫他来见我"!

当已为楚王的韩信到下邳时,不但没找他报复,反而任命他做楚国的中尉。还告诉将相们说:"这是个壮士。当年他侮辱我时,我难道不能杀死他吗?但杀他没有名目,所以忍了下来,才达到今天的成就。"可见韩信他从年轻时,即能从另一个角度去审视问题,常人的理未必是对的,反而认为要他胯下而行的年轻人造就他的成就,因而心存感谢,给他个小官做,充分表现了以德报怨的精神。

在我们漫长的生命中,除了感谢领导、同事、家人、朋友、客户、敌人之外,我们还要很多很多其他人,包括许许多多我们不认识的人,尤其是那些奋斗在一线的普通劳动者,因为没有他们,我们就没有高大的办公楼,没有时刻干净的街道,没有便利的交通,也没有随处可见的餐馆和小卖部。

正如《感恩的心》说的那样:"感恩的心,感谢有你,伴我一生,让我有勇气做我自己。"感恩,让我们以知足常乐的心善待身边的人,感恩,让我们在平淡如水忙碌如牛的日子,发现生活的富有而充足;感恩,让我们珍惜生命的馈赠,感恩身边的所有人,用心报答所有人的激励与爱。

5. 重塑阳光心态, 畅享阳光人生

心态具有多大力量呢? 有一个教授找了九个人做实验。教授说, 你们九个人听我的指挥, 走过这个曲曲弯弯的小桥, 千万别掉下去, 不过掉下去也没关系, 底下就是一点水。九个人听明白了, 都走过去了。走过去后, 教授打开了一盏黄灯, 透过黄灯九个人看到, 桥底下不仅仅是一点水, 而且还有几条在游动的鳄鱼。九个人吓了一跳, 庆幸刚才没掉下去。教授问, 现在你们谁敢走回来? 没人敢走了。教授说, 你们要用心理暗示, 想象自己走在坚固的铁桥上, 诱导了半天, 终于有三个人站起来, 愿意尝试一下。第一个人颤颤巍巍, 走的时间多花了一倍; 第二个人哆哆嗦嗦, 走了一半再也坚持不住了, 吓得趴在桥上; 第三个人才走了三步就吓趴下了。教授这时打开了所有的灯, 大家这才发现, 在桥和鳄鱼之间还有一层网, 网是黄色的, 刚才在黄灯下看不清楚。大家现在不怕了, 说要知道有网我们早就过去了, 几个人哗啦哗啦都走过来了。只有一个人不敢走, 教授问他, 你怎么回事? 这个人说, 我担心网不结实。这个试验揭示的原理是心态影响能力。

又有一个教授做了一个更加残忍的试验, 他把一个死囚关在一个屋子里, 蒙上死囚的眼睛, 对死囚说, 我们准备换一种方式让你死, 我们将把你的血管割开, 让你的血滴尽而死。然后教授打开一个水龙头, 让死囚听到滴水声, 教授说, 这就是你的血在滴。第二天早上打开房门, 大家都知道发生了什么事情, 死囚死了, 脸色惨白, 一副血滴尽的模样, 其实他的血一滴也没有滴出来, 他被吓死了。这个试验揭示的原理是心态影响生理。

所以心态好, 生理健康, 能力增强; 心情不好, 生理差, 能力差。心态就具有这么大的力量, 从里到外影响你。

古时有一位国王，梦见山倒了，水枯了，花也谢了，便叫王后给他解梦。王后说："大势不好。山倒了指江山要倒；水枯了指民众离心，君是舟，民是水，水枯了，舟也不能行了；花谢了指好景不长了。"国王惊出一身冷汗，从此患病，且愈来愈重。一位大臣要参见国王，国王在病榻上说出他的心事，哪知大臣一听，大笑说："太好了，山倒了指从此天下太平；水枯指真龙现身，国王，你是真龙天子；花谢了，花谢见果子呀！"国王全身轻松，很快痊愈。

积极的心态创造人生，消极的心态消耗人生。积极的心态是成功的起点，是生命的阳光和雨露，让人的心灵成为一只翱翔的雄鹰。消极的心态是失败的深渊，是生命的"慢性杀手"，使人受制于自我设置的某种阴影。选择了积极的心态，就等于选择了成功的希望；选择消极的心态，就注定要走入失败的沼泽。如果你想成功，想把美梦变成现实，就必须摒弃这种扼杀你的潜能、摧毁你希望的消极心态。

强者对待事物，不看消极的一面，只取积极的一面。如果摔了一跤，把手摔出血了，他会想：多亏没把胳膊摔断；如果遭了车祸，撞折了一条腿，他会想：大难不死必有后福。强者把每一天都当做新生命的诞生而充满希望，尽管这一天有许多麻烦事等着他；强者又把每一天都当做生命的最后一天，倍加珍惜。

积极的心态会使一个人感到幸福和人生的意义。如果此时你正为自己处于人生的低谷而悲哀，如果你还为自己的胆小卑怯而烦恼，那么，你不如将这些让人恼怒的性格丢到一旁，重新培养自己的积极心态。《思考与致富》的作者拿破仑·希尔说，积极的心态可以通过以下七个步骤培养起来。

1. 重塑心中的偶像，使自己的言行像你心目中所希望的那样。积极心态的培养与行动密切相关，没有行动，任何想法都是空谈。你心目中的偶像可以是一个人，也可以是一类人。可以是具体的，也可以是抽象的。在你的头脑中树立一个积极乐观的形象，在做任何行动的时候，告诉自己，所做的行动必须与心目中的形象相一致。

2.把自己看成胜利者。大多数人遇到令人沮丧的事情时,整个身心都沉浸在痛苦之中。如果此时你对自己大声地叫一声:我不是失败者,我是以后的胜利者,你的精神将为之一振,立即兴奋起来。

3.学会用美好的心情去感染别人。每个人都希望得到灿烂的阳光,一旦你带着快乐的心情去和别人交往,快乐也能传递给别人,这样的连锁反应既能让自己感觉到快乐,也能让别人变得快乐。没有人愿意成天和"苦菜花"待在一块儿。尝试着改变自己的心情,当你用微笑告诉别人你的心情时,别人同样会以微笑回报你。

4.学会给予和奉献。给予和奉献是人类的一种美德,但你想到过给予和奉献会激发你的热情吗?给予和奉献能够体现一个人的道德品质,也能体现一个人的社会价值。同时,给予和奉献能带给人愉快的心情。不知道你有没有这样的体会,每当你帮助别人时,自己的心情也会变得愉快。

5.心怀感激。生活中多一份抱怨就多一份烦恼,当我们以一种感激的心情环视我们周围的人和事,心也会放得很宽。有一位哲人曾说过:在这个世上,没有任何人应该为你做什么事。不要因为别人的过失指责别人,宽恕别人也等于安慰自己。

6.不要经常说消极词语。经常抱怨的人总喜欢说一些"我真累"、"我真痛苦"、"我好郁闷"之类的词,这种消极词语会磨损你的自信和激情。

7、学会自我激励。当你胆怯的时候,学会给自己打气,"别害怕,一定会冲过去";当你遭遇失败的时候,告诉自己,"别灰心,胜利最终属于我";当你犹豫不决时,给自己强行下一个命令,"拿出你的魄力,别再磨磨蹭蹭的"。自我激励是一个持续性的过程,它必须要坚持到心态完全转变。

是的,一个人面对世界所持的心态往往决定他一生的命运。那么,就请记住德国人爱说的一句话吧:"即使世界明天毁灭,我也要在今天种下我的葡萄树。"只要你相信自己,用心改变自己,拥有积极乐观的阳光心态,勇于挑战,坚持不懈,你的前程就会被自己照亮,而你的事业也必将生机勃勃,排除万难,奋发向上。

开心一刻

脑筋急转弯

1. 拳击冠军很容易被谁击倒？

2. 什么事天不知地知,你不知我知？

3. 一个人在沙滩上行走,但在他的身后却没有发现脚印,为什么？

4. 一位卡车司机撞倒一个骑摩托车的人,卡车司机受重伤,摩托车骑士却没事,为什么？

5. 早晨醒来,每个人都要做的第一件事是什么？

6. 你能用蓝笔写出红字来吗？

7. 汽车在右转弯时,哪只轮胎不转？

8. 孔子与孟子有什么区别？

9. 为什么小王从初一到初三就学了一篇课文？

10. 一个人空肚子最多能吃几个鸡蛋？

11. 当哥伦布一只脚迈上新大陆后,紧接着做什么？

12. 毛毛虫回到家,对爸爸说了一句话,爸爸当场晕倒。毛毛虫说了什么话？

13. 飞机从天上掉下来,为什么没有一个受伤的人？

14. 太平洋的中间是什么？

15. 世界上最小的岛是什么？

16. 把一只鸡和一只鹅同时放在冰箱里,为什么鸡死了鹅没死？

17. 万兽大王是谁？

18. 用什么可以解开所有的谜？

19. 什么样的人死后还会出现？

20. 专爱打听别人事的人是谁？

21. 谁说话的声音传得最远？

22. 什么东西的制造日期和有效期是同一天？

23. 什么东西使人哭笑不得？

24. 能否用树叶遮住天空？

25. 一头牛，向北走 10 米，再向西走 10 米，再向南走 10 米，倒退右转，问牛的尾巴朝哪儿？

答案：

1. 瞌睡虫

2. 鞋底破了

3. 他在倒着走

4. 卡车司机当时没开车

5. 睁开眼睛

6. 写个"红"字有何难

7. 备用胎

8. 孔子的子在左边，孟子的子在上边

9. 初一到初三，两天学一课，算不错了！

10. 一个。因为吃了一个后就不是空肚子了

11. 迈上另一只

12. 毛毛虫说："我要买鞋。"

13. 全都死了

14. 是"平"字

15. 马路上的安全岛

16. 鹅是企鹅

17. 动物园园长

18. 答案

19. 电影中的人

20. 记者

21. 打电话的人

22. 日报

23. 口罩

24. 只要用树叶盖住眼睛

25. 朝地